上流肉販－倫敦男妓自白書

傑克．紹爾 著

黃民燁 譯

上流肉販
目錄

序曲

去年十一月，一個天氣晴朗的午後，我在萊徹斯特（Leicester）廣場散步時，特別注意到有個面容十分俊秀、略帶陰柔氣息的年輕男子。他從我面前走過，漫不經心地看著櫥窗，又不時地往走回，似乎刻意要吸引我的目光。

這位年輕人衣著合身，貼身的衣服襯托出他猶如希臘神話裡美少年阿多尼斯的好身材，褲子更是服貼得胯下的線條隱隱若現。老天爺顯然賜給他一副發育良好的雄性「裝備」，看起來就好像一條長得驚人的香腸沿著他的大腿塞在褲子裡。看得我雙眼視線猶如被催眠似地，離不開他的胯下。若從他褲子隆起的皺褶來看，我敢說他的卵蛋尺寸同樣也是碩大無比。我心裡很清楚，不管他年紀多大或是外貌如何，更深入地「了解」他肯定是值得的。

他的腳小巧好看，被包覆在精緻的皮鞋裡；年輕、沒有鬍渣子的臉龐，線條看起來更是柔美。一頭栗棕色頭髮，亮藍色的眼睛——從他的外貌我自然而然地聯想到，眼前這個年輕俊俏的男子必然是倫敦人口中的「瑪利・安」（Mary Ann）一員。我先前曾聽聞過一些關於「瑪利・安」的傳言，他們會在天氣好的午後或晚上，在麗晶街（Regent Street）或海依馬克特街（Haymarket）上徘徊。

這位令我好奇的男子放慢了腳步，朝我走來；他摘下帽子，掏出一條漂亮的白色絲質手帕擦了擦臉。

他胯下隆起的部位幾乎讓我看傻了眼：那麼大是真的嗎？還是他動了點手腳做假？如果現在這樣是真材實料，那硬起來之後又會有多大？我想我會無比樂意，好好地鑑賞一下這男人的寶貝。當然，我要好好地摸摸看這長棒，捏一捏，讓它在我眼前充血、勃發。我要用唾沫抹在這根肉棒上，這樣等會兒套弄起來才順手。看著這根閃著濕潤亮光的肉棒在我手中抽動，看著它慢慢地變長、昂然勃立，我一定會邊看邊滿足地笑著。也許我得用上兩隻手才成，單用一隻手實在沒辦法完全圈握住他這根懾人心魄的大雞巴。然後我會雙手並用，開始上下套弄，等到他呼吸急促，我會加快速度，毫不留情地讓他爽，我要用雙手讓他體驗瀕臨噴精前、猶如五內俱焚的快感。我要加快速度，套弄他這根美妙的碩長肉棒、滿心歡喜地看著他紅潤的龜頭淌流出滑潤晶亮的愛液，脹到最極限的體積。接著，在我的手力伺候之下，他將登上極樂，充血脹大的老二將射出一道道滾燙濃稠的精液，越過他的身體，畫出一條條弧線，噴濺在他的胸口和肚腹，淌流到他胯間的陰毛叢內。

想到這些，我決定過去認識他，這樣才有機會看看褲底真相究竟為何，也許也能聽他講講他的經歷。我相信他的生活一定異常有趣。

我偷偷跟蹤在這個男人身後，看到他轉進路旁小巷，望著一間相館的櫥窗。我看到他走進店裡，便決定尾隨於後。我們兩人起先背對背，默不作聲地在店裡逛著。我眼神有點猶豫，閃閃躲躲地偷望著他，一個眼神交會，正巧看到他臉上迸發出一道最美妙細緻的微笑——剎那間，我明白了，正如大家所說的，這場遊戲開始了。

「啊，你看這漂亮的女人。」我揮揮手杖，指著一張難以言喻的漂亮肖像照。

「噢，是還滿豐滿的，雖然年紀比我習慣的大了一點，不過她身材還算是滿不錯的。」我這位好身材的新朋友這麼回答。

我指著對面牆上幾張身材豐腴的女演員照片說：「你不覺得那幾個女人穿成這樣，布料實在是少了點嗎？」

「我說啊，法律實在應該規範一下。你看，從她的裙縫間都可以看見她腿上的每一吋肉了。對我來說，她這腿實在太結實了點，而且不像其他女人的那麼豐腴。還是……這是我自己的偏好？」他做了如此評論。

「唔，的確是這樣。」我刻意壓低了聲音回腔，意有所指地繼續說：「她的腿的確是肌肉發達，也許因為她是舞者。如果她真是位舞者，我打賭因為長久施力的需要，她的後背一定也非常地──『緊』，你說對吧？」

「的確，您的觀察真是仔細。」他笑著說，「我也敢打賭說，她的臀部一定更結實、更有肌肉，而且非常地『緊』，這樣才能襯得上她非比尋常的腿。事實上，我還認為她的……」

「是啊，是啊，當然了。」我打斷他的話。我們的對話若再繼續往這個方向發展下去，在這樣的公眾場所一定會過於危險。我的臉熱了起來，也許也還有點漲紅，褲襠裡的屌也不禁整個脹大起來。隆起的失態模樣使那位慇勤的相館店員靠近時，感到無比的困窘。

「看來我們有不少共同點，年輕人。如果你有興趣的話，我非常想到別的……呃，比較適當的場所繼續我們的談話。也許你願意跟我一起到廣場對面的小酒館喝杯酒繼續聊？」

「這建議聽起來不錯，雖然我也想跟你繼續聊，不過我最近倒是對那間酒館有點厭煩了。我覺得廣場周圍所有的咖啡廳或酒館都很無聊，也許你有其他的地方可以去？」

「呃，如果你不反對的話，我們可否搭個車到我的住處去？我就住貝克街車站（Baker Street Station）附近的康威爾居（Cornwall Mansions）裡邊。我們可以抽根菸、聊聊天。你看起來是個聰明的男孩，也許你可以告訴我一些事情。」

「可以，不過你就老實說吧，你想要什麼？為何這麼害怕說出來呢。」他話中有話地望著我問。

「我不是保守的人，不過我不希望惹麻煩，誰曉得是不是有人在街上偷聽我們的對談？」我邊說邊招手叫來一輛馬車。「我不想讓人看到我在街上和一個年輕男人攀談，在我家裡就不怕有人打擾了。」

我們到家時恰好是晚餐時間，我搖搖鈴召來家裡的管家，吩咐她準備兩人份的餐點。我們吃了煎牛排佐鮮蠔醬，又喝掉好幾瓶口感偏酸的香檳。

那天晚上門外風大，有點涼意，我們等餐桌都清理乾淨之後，放鬆地坐在火爐旁，點著菸，喝起白蘭地。

「年輕人，希望今晚的餐點還合你口味。」我邊說邊搖晃著手中微溫的白蘭地。「也許你剛剛在大門上的牌子就看到我的名字了，我姓康鵬（Campon）。不過，你還沒告訴我你的名字呢！」

「我叫紹爾，傑克・紹爾（Jack Saul）。我住在萊徹斯特廣場旁的禮榭街（Lisle Street）上，隨時可為和善有禮的紳士提供有趣的服務。請問您對我哪裡特別有興趣呢？您在我這卑微的僕人身上，有沒有發現特別感興趣的『地方』？」他邊說邊往自己飽滿的胯下，也就是我前面向您提過的那個地方瞄。

「我現在很想滿足一下好奇心——你身材不錯，那裡長得也很好，我想知道你那邊看起來那麼大，到底是真的、還是裝出來的？」我問。

「先生，那裡就跟我的臉一樣，都是真材實料，而且還比我的臉漂亮。」他邊說邊解開褲子，掏出一根半勃起的大屌來。「先生，您見過麼漂亮的寶貝嗎？這就是我的本錢，我這寶貝幫我得到了我想要的一切，不管是對女人或男人，它都為我開啟了通往上流社會的入口。萊徹斯特廣場上的女孩無不希望可以選我當丈夫來滿足她們，不過，我的心思可不想浪費在女人身上，操男人的屁眼好玩多了；我只有在酬佣豐厚時才願意跟女人上床。」

他邊說邊輕撫著自己私處，話才說完，它就已硬挺挺了。我把抽剩半截的雪茄丟進火爐，往他身旁跪下，好靠近這根屌、仔細瞧瞧它有多漂亮。

我把他的褲子再往下褪一點，現在，一根環繞著淡棕色陰毛叢，肥大多汁、幾乎有十吋長的屌就這麼地展現在我眼前，底下的囊袋還沉甸甸地裝著兩顆大睪丸。

我小心翼翼地把這迷人的東西托在手心，他的陰囊厚實，顯示他精力充沛，而且還沒因為縱慾過度而耗損。我很討厭那種鬆垮垮、晃啊晃的睪丸；對我而言，如果底下的卵蛋尺寸小了點或是小到根本沒有存在感的話，就算那根肉屌再怎麼漂亮，也吸引不了我。「屌大蛋小」這樣的半調子對我來說，就跟廢物沒兩樣。

我細細地套弄著他的屌，還用舌頭舔玩他脹如紅寶石的龜頭達一兩分鐘之久。他突然大喊：「快停下，先生，您快住口，不然我就要射在您嘴裡了！」

我可不希望就這樣結束，我想看看這根屌射精的樣子！我把他的屌從嘴邊移開，對著壁爐口開始快速套弄起來。來了！來了！起初射出的是濃稠的一滴，就像從火山口蹦出的石子，接著迸射出長長的一道精液，幾乎有一公尺高，直直地射進壁爐火中，落在燒紅的炭塊上，發出滋滋聲響。

「老天爺，這量還真多！」我驚呼。「傑克，我們現在脫下衣服，來好好享受一下吧！我想看你全裸的樣子，世界上沒有什麼比看一個好身材的年輕男孩渾身赤裸更美妙的事了。剛剛幫你打手槍已經讓我性致勃勃，你可以幫我吹嗎？我現在最想要的就是讓你幫我吹。」

「要我幫你吹？那你得對我慷慨一點，不然我可能就不會再來你這兒了。」他臉上帶著甜美的笑意回答道。

「親愛的，如果你的『天賦』果真如你胯下這包所呈現的樣子，就完全不用擔心我會對你不夠慷慨了。」我抿著嘴，笑著說。

「先生，您也見識到了，方才所見的全都貨真價實。這可不是欺人的幻象，你很快就會知道了。不過，你得先耐著性子，因為接下來我要送你的可是份珍貴大禮，你可得慢慢咀嚼，細細品味。」他對我保證。

「很好。不過我得警告你，通常在這情況下故意測試我的耐性可不是什麼好主意；但因為你實在太迷人了，所以我對你破例一次。你方才射的那一回很驚人，現在讓我也射一回，讓你玩玩。」

我讓他躺上沙發，倚著靠墊。他垂軟的屌和睪丸還懸在他解開的褲頭外，於是我動手解開他的襯衫和內衣釦子，他的襯衣緊緊地貼合著他的身軀，突顯了他緊實的胸腹肌肉，每解開一顆扣子都是一次讓我開心的新發現。他的身材結實緊緻，身上沒有過多的毛髮，年輕人獨有的能量彷彿能從他身上的每一寸光滑肌膚、每一個毛孔發散而出。我可以感覺到他強而有力的心跳聲，以及隨著呼吸上下起伏的乳頭。當他伸手打算為我卸下身上西裝時，我從他肩頭剝下他的襯衫，露出肌肉結實的肩臂。

終於，在他褪下褲子之後，果真如他所言一般「貨真價實」。他的屁股窄小，肌肉結實，對比他的年紀，反倒像更年輕、常運動的男孩才會有的臀部；他的雙腿細長、膚質滑順，更勝年輕女子。他從頭到腳每一寸都徹徹底底的讓人興奮，而且，面對眼前這個誘惑，我已經忍得夠久了。

很快地，我們兩人脫得精光，我鎖上門，讓這個年輕人坐在我膝上，我們互吻，他的舌頭在我口中狂烈地翻攪，我的雙手也同時在他身上游移、愛撫。他漂亮的屌又引起我的注意，才一會兒，我又讓他硬了起來。

「現在，跪下來舔我！你邊舔，我也會同時用腳伺候你這根漂亮的大屌。」我命令道。

他很快就在我兩腿間跪下，開始細心地愛撫我仍半軟的屌，而後將整顆龜頭含進他溫熱濕潤的嘴裡，舌頭以一種你無法想像的技巧，靈活熟練地繞著包皮打轉。

這麼刺激的愛撫，讓我們兩人不約而同都槓了起來，我的腳趾頭能感覺到他的屌早已硬得跟桿麵棍一樣。我開始用腳在他屌上來回摩挲，黏稠的前列腺液在我腳底抹了開來，我放慢速度，繼續踏弄他的屌。

在他的舔舐服務之下，我越來越忘我，伸出雙手扶住他的頭，引他站起來和我互吻。我們完全陷溺在這充滿慾念、讓體內慾火與饑渴越燒越烈、越漲越高的激狂熱吻之中。最後我讓他一路領我到達高潮，他一臉滿足地吞下我每一滴狂射而出的精液。

休息一會兒之後，我起身喝點東西提提神，問他是在哪裡學會這麼厲害的吸吮功夫。

「這故事要講很久，一時半刻絕對說不完。但如果你願意付點錢給我的話，我倒是很樂意告訴你整個故事的來龍去脈。」他這麼回答。

「你能不能把故事寫下來、或是簡單描述一下，我好用它當素材，寫篇精彩的故事？」

「可以。不過因為故事很長，得講很久，每天講幾個鐘頭的話，也要花三到四個禮拜才成。因此希望您至少付個二十鎊給我。」

「好，如果你也同意，每個星期能寫個三、四十頁給我，我每周可以付你五鎊。」

我們就這樣達成了協議——我付錢，他寫下《男妓回憶錄》（The Recollections of Mary-Ann）給我。這標題是我提議的，雖然他一點也不喜歡這個說法。他認為「男妓」是鄰居那些女生羞辱他用的叫法，不過最後，四張五鎊鈔票的豐厚酬庸還是讓他接受了這個提議。

接著，他朝我靠了過來說：「那現在您希望讓我再帶您高潮一次，還是您想操我？……能不能找根棍子給我？您不像我這麼年輕，所以我想玩點能讓您覺得更刺激的，而且我也希望能盡力讓您舒服。我喜歡那種不太大的雞巴，就像您這根一樣。您一定知道，這個當下，我多喜歡有個像您一樣的好男人來操我。」

我很快就在房裡找到一根木棍。他堅持把我綁在房裡一張躺椅上，這樣我等會兒才躲不掉棍子的伺候。

他拿起棍子，開始有節奏地、輕輕慢慢地打在我屁股上。雖然是輕輕地打，但還是挺痛的。我挨的這幾棒很快就讓我領教到一個年紀雖輕但經驗豐富的導師會如何伺候我已然開始脹紅的屁股。每打一棍下去、就會引起一陣灼熱疼痛，可是伴隨而至的熾熱充血感又讓我覺得刺激不已；雖然棍子打得我發疼，又扭又叫，但卻也很快讓我陷入一種既刺激又舒暢的奇特狀態。

他手上的棍子頭似乎在找尋著我屁股和大腿最敏感的位置，接著撥撩我的肉棒和睪丸，戳弄我的後庭孔洞，搞得我肉棒熱脹不已。我大喊，告訴他我現在就迫不及待地想上他。

「不行！你這個操屁眼的，現在還不行！你想操我，對吧？年輕人，我要好好教你屁眼該怎麼操。」他邊說邊笑，對我又痛又爽的神情十分滿意。「喜歡嗎？哼？——啪！這樣呢？這樣喜歡嗎？——啪！！」最後這一棍讓我痛得快斷氣，我想他一定打出血來了。

在他為我手腳鬆綁時，我覺得魂都快飛了，屌也脹得快炸開似的。我性急地把他一把抱住，他的屌也已經硬得像根鐵棍，看來剛剛這樣虐待我，也讓他興奮極了。我壓倒他、讓他雙膝跪在椅子前，他的後庭已經準備要接受我的進入了。沒有人想得到這個滿是皺褶的紅色小洞，除了原有的自然用途之外，還有這麼多的用處。可口誘人的他就跪在我眼前，看得我都快樂暈了。

就在我試著用口水潤滑龜頭的同時，他也含濕自己的手指，往屁眼送去，好讓我能容易塞進去。

他握住我的龜頭協助我，讓我緩緩地送入一點，當我插進他體內的那一刻，那感覺實在緊得很舒服。我環住他的腰，伸手套弄起他漂亮的雞巴，這樣邊幹邊套弄，讓我興致更加高昂。現在，我已經全部插進他體內了，因為不想太快射，所以我抽動得非常緩慢，好細細體會這種佔有他的美妙感覺，以及他屁眼厲害的縮與放所帶來的絕頂快感。

我的抽送動作很快就讓他射了出來，我用手掌把黏呼呼的精液塗抹在他的肉棒和睪丸上，也在我屌上抹了些，這樣抽送起來會更為滑順一點。

這絕妙感受不論筆墨或言語都難以形容。我想盡可能地延續這種感覺，每當快到高潮時就趕緊停下，不過最後他自己刻意頂了過來，加上屁眼的緊實壓力，還是讓我忍了好久的精液禁不住刺激、噴洩而出。就在我射出熱燙精液的當下，我倆狂野而饑渴的情慾，讓彼此都不禁發出了狂喜的低吼。

即使爽得快要暈厥，我的屌還是不肯善罷甘休，又熱又硬地插在他滑潤的屁眼裡，舒服地享受著他溫熱濕潤的祕穴。他看起來還有餘力能讓我再高潮一回，但我怕自己縱慾過度，便把稍稍變軟的肉棒從讓我登上極樂天堂的誘人屁眼裡抽了出來。

在我和傑克初遇後的一個星期，他又再度來訪，帶了他的第一篇草稿，也就是這本書的開頭。儘管我迫不及待想一讀這迷人男子的奇異經歷，但我更想一嚐本人的滋味。我先前發過誓，第二次見面時我可不想如同第一回般沒有事先準備，果然，這次可讓我得到了上好的回報。

我預先請家僕準備了許多道豐盛餐點，其中包含一道多汁帶血的炙烤牛肉。在備妥主菜、香味佈滿室內時我就先遣退了她。我將餐桌布置得十分浪漫，這可能是自從我不再年輕後第一次這麼做吧！餐桌上擺了雕工精細的銀器、瓷器、以及一對粗大沉重的蠟燭，準備今晚一路燒到天亮。當我聽到他輕盈的腳步聲在我房門外停下時，我幾乎快要因為狂喜而暈眩，而且我的雞巴也禁不住地在寬鬆的褲內微微勃起。

當我打開房門，他臉上略帶戲謔味道的笑容在微暗的燈光中閃閃發亮，當他踏進房門時，我細細地審視著他的容貌，因為我害怕先前對他的美好記憶僅是我的如夢幻想。不，不是，我心愛的傑克正如我記憶中那般的真實、細緻。當我鎖上房門，準備共度接下來的夜晚時，心中不禁欣喜萬分。

在燭光照耀下，我能看見他臉上精緻挺立的顴骨是如何襯映著他的面容。他暗金色的頭髮向後梳齊——城裡有不少地方都流行這樣的風格，那裡都有一些像他這樣的年輕人聚在一塊兒，談論最近流行的事物，或是在彼此身上探尋如花綻放的青春與生命。我真希望自己也能再年輕一回啊！

我們安靜地吃了好一會兒，當他放下餐具時，我鼓勵他多吃一點，因為今晚他可很有得忙。而且，如果他可以放任一點，讓自己吃壯一點會比較好——這一點倒比較是我個人對他的期待。

他吃完面前的餐點，對我的評論咯咯地笑著，這個傑克還真有包容心。當他還埋首享用布丁和甜點時，我的心早已悸動不已了。雖然我對食物的饑渴已飽足，但對眼前這位美少年的慾望仍持續地增長、膨脹，無法自持。

酒精伴隨慾念在我腦中翻攪喧騰，我站起，掀開桌巾，猶如蜘蛛走向網中獵物地朝他走去。我將他從座位上猛然拉起，繞著他，使力將他推躺在桌上，使他看起來好似即將被送上餐台的祭品。即使他躺上餐桌時撞翻了桌上的刀叉瓷器，我仍不為所動、伸手褪下他身上的衣物。當我撫弄著他的大屌、扳開他結實大腿的同時，他略帶酒意的臉看著我傻笑著。

一股凌虐慾望突然湧上心頭——我想抹去他俊俏臉蛋上的這抹笑容！

我嚴肅地說道：

「看來，你這小醉鬼需要被好好地調教一下！」

我望了望四周，想找個合適的道具來懲罰他。我望見桌子那端一根還燃著燭火的粗大蠟燭，於是伸手去取，打算熄了燭火之後好好地用它來操他屁眼，但就在取來湊近嘴邊打算吹熄燭火時，熔化的蠟油已滴落在他身上。

滾燙的油液讓他痛得不禁大喊。

聽到他的慘叫聲，我心頭抖了一下，但也竄起一股奇特的感覺，於是我拿起還燃著燭火的蠟燭，朝他的身上又多滴了幾滴。又一聲嚎叫，劃破夜晚的寧靜。雖然我十分沉迷於這叫聲之中，但我得住手，以免左鄰右舍把附近的警察全都召來，看看究竟發生何事。

我吹熄燭火，握住蠟燭，將粗大的燭頭朝下，抵住我這位正渾身發抖的貴客的屁眼，轉了轉，好進入他粉嫩的花苞內。我想他美妙的屁眼圈熱度應該可以讓這根又粗又重的蠟燭稍稍軟化。很快地，防線被突破了，我決定把這個不尋常的玩意兒深深插進他的洞裡。

「噢，我的小可愛啊，現在我可占有你了，不是嗎？」在他呻吟的同時，我在他耳畔輕聲地說著。「我是不是該把這個替代品丟掉，用我硬梆梆的傢伙來插你可憐的小洞啊？」

「噢，對，康鵬先生，快！請操我，請您好好地操我！您今晚很有耐心，我很喜歡，現在，您可以好好享用我這道甜點了！」

抽出已經微軟的粗大蠟燭，我把自己熱脹如火的肉棒插進他體內，像隻狂躁的動物般在餐桌上就操起他來。伴隨著我喘息聲的，是每次在他體內抽插的銷魂滋味，而更讓我興奮的，則是看見他碩大硬挺的肉屌隨著我每次抽送，在我倆肚腹間擺動的景象。剎時，一陣高潮前的感受來襲，我不禁腳軟，如狼一般無法自持地在餐廳內又響又猛地嚎叫。

「如果你願意的話，現在，在我們上床休息之前，幫我的茶加幾滴『奶精』吧！」我說。

於是，我將已經頹萎的雞巴抽出他濕滑的洞內，坐上右手邊的躺椅，將他依然脹大的龜頭含進口中。才在我口中才抽送了三兩下，我的嘴裡就突然灌爆了他狂洩而出的甜美精液，而那些不及吞下的更溢流出來。我一一舔盡了溢流到他猶然顫動的兩腿間的屌根，還有垂懸在桌緣邊、陰毛濃密的卵囊上的每一滴珠玉瓊漿。

當然，每回他到訪，我們都沒忘記好好地享受一下肉體之歡。不過因為每回總是大同小異，對您來說可能會稍嫌無趣，因此我決定不再在此詳述我倆之間難以計數的狂歡經歷。接下來，我將開始為您細說傑克他這一路走來的情慾冒險是如何的精彩……

第二章　傑克紹爾的回憶：我的表哥傑瑞

和傑克每週一次的相聚總是爽快得無以復加，而他所寫下的淫穢自白也讓我讀得津津有味，當他未能來訪時，這些篇章陪我度過了那些渴望他到幾近瘋狂的時刻。傑克的性愛實戰經驗豐富得令人難以想像，也使我無法懷疑其真實性。我僅僅修正了他文法上的錯誤，對於那些花了我二十鎊、幾頓昂貴晚餐和無數次噴發和高潮換來的故事，我並未做太多的更動。

從我有印象開始，我就對男人的屌，還有任何和屌相關的事情特別感興趣，為何如此？先生，我想我應該不必多說，您就能明瞭。

我清清楚楚地記得當時那種感覺，不過直到現在，我仍不知如何具體地形容。一直到了我十多歲的時候，我才意識到——或許該說「感覺到」，我喜歡男人的天性。我至今仍然清楚記得第一次感受到這樣的天性在我體內作用、甚至發酵，是甚麼樣的感覺呢。

那年，我家按照慣例辦了一場家族聚會。村裡的鄰居、親友，都會在此時來到我家作客。那時坐我對面的，是一個名字叫傑瑞的年輕男生，他是我的表哥，不過在那之前我從沒見過他。他身材非常纖瘦，長相也很細緻，個性又害羞，非常地吸引我注意。我目不轉睛地觀察他微噘的嘴唇、長長的睫毛、還有細長的手指，整個魂都被他的樣貌給吸住了。當他發現我目不轉睛地盯著他瞧時，整張臉一下子就羞紅了起來。

當時席間所有的賓客都注意到我對傑瑞炙熱的眼神，就連我爸都發現了。他用力地朝我的小腿踢了一下，要我檢點一點，不過我的眼睛還是離不開傑瑞，因為在我眼中，秀氣的傑瑞根本就像是穿錯男人衣服的女人啊。

這場家族聚會結束之後的一段日子，傑瑞的模樣仍在我腦裡持續打轉。我時時刻刻都想到他那雙明亮的棕色大眼，看起來真的好害羞；還有當我盯著他瞧時，他那副看起來很受傷、很無辜的模樣。

當我躺在床上準備就寢，腦子裡卻都在幻想這樣的畫面——我抓住可憐的傑瑞，拿繩子綑住他、戲弄他、嘲笑他，動手一件件脫掉他的衣服，檢查他的老二、瞧瞧看他渾圓的屁股，好驗證我對他性別的揣測。

夜復一夜，每當我躺在床上抱著被子，胯下緊緊夾著被子磨來蹭去的時候，腦子裡都想著這些讓我開心的畫面，享受著腰間傳來既奇特、新鮮又刺激的快感。

好像一兩年後吧，這樣淫穢的遐想，讓我體驗到前所未有、意料之外的首度高潮——

當時我穿著睡衣俯躺在床上，一顆蓬蓬的枕頭緊緊地夾在我的胯間。一如往常，我腦子裡還是想著傑瑞。他不久前才來拜訪過我們家，我很訝異他竟然發育得這麼快，身高幾乎有六呎，雖然還是很瘦，但很特別的是他的胸膛和臀部卻很有肉，看上去鼓鼓的。當時我覺得傑瑞外貌上的變化很好笑，不過，私底下，我心中卻暗暗覺得他的身體非常地賞心悅目。我忍不住找機會在暗地裡偷偷盯著他瞧。不過這一次，沒有人發現我渴望的眼神。

那天晚上，我躺在床上，心裡想的不是我和傑瑞的友情，而是他那近似女孩的身軀，還有我可以如何對他予取予求。我想，我要拿條繩子綁住傑瑞，好在我戲弄他時不會掙脫。我要逼他在我面前跪下，用手掌好好地撫摩他豐厚略帶娘氣的嘴唇。我會好好嘲弄他、羞辱他，說他根本就是個娘娘腔的男人，說他鼓漲的胸部和翹臀讓他看起來就像一個又高又瘦的少女。我會一直嘲笑到他在我面前俯首稱臣、在我面前哭叫、直到眼淚從他大大的棕色眼睛裡流下，滴落在他柔嫩的雙頰為止。我想他的淚水會讓我的鐵石心腸稍稍軟化，最後，我會安慰可憐的傑瑞，好好地愛撫他，也許還會吻他。

當晚，我年輕生命的第一次，就這在這樣的想像畫面中射了出來！

起先，我以為是自己忘了睡覺前去尿尿，不小心尿床濕了床單。不過全然不是這樣。當我幻想吻著傑瑞時，這畫面讓我已經很脹的老二突然產生一陣爆炸感。伴隨我當時仍有的尿床恐懼的，是一種巨大的、暢快無比、且令我瘋狂的快感。我生平首發的濃純精液一波波射到毯子，也在我抽彈著的肚子上流散開來。這種快感實在太銷魂了，使我後來完完全全地上癮，沉溺其中。

每年，我們家族都會有一、兩次相聚或是探訪的機會，每次過夜我都會刻意睡在傑瑞旁邊，好細細觀察他身體的轉變——嘿嘿，我很少失望過。我記得有一回傑瑞來訪，看起來一臉愁雲慘霧的模樣，因為他爸媽命令他到田裡去做苦工，希望大量的勞力活動可以增加他多一點的男子氣概，也許還能讓他的體態看起來不要像女孩子一樣細緻。他們是對的，因為我這位表哥生平第一次變得這麼陽剛：胸部結實、脖子粗，渾身肌肉。

當天深夜，當我們併躺在床上的時候，我告訴他我很欣賞他身材的變化，這樣的身材應該很容易釣女孩子上鉤，問他是不是也很高興。他對我的奉承說了聲謝，也感謝我沒有說些尖刻的評語。不過，他也對我坦承，其實他一點都不喜歡田裡的粗活工作，而且那些在田裡幹活的農人老愛拿他的外貌開些低級的玩笑，把他當女人看。

當傑瑞對我說出這些心裡話的時候，我發現自己的手竟然伸進睡褲，開始撫弄起已經硬脹的老二。也許是因為傑瑞比同年紀的男生更高更細的聲音，也可能是因為他剛剛說到的那些農工對他的戲弄，正巧激起我的慾望。不管原因是什麼，在傑瑞表哥對我訴苦的同時，我也在他不注意的情況下，朝著他的被子射了好幾波出來。

次回再見到他時，已經是幾個月後。我發現他的願望成真了！他爸媽不再要他在自家的田裡幫忙，而他的身材也因此很快回復到先前，有著女人一般柔軟的線條。不過現在我不敢再嘲笑他的身材變化，免得他晚上不願意和我同寢。那天晚上我們躺在床上，靠得很近，我故意把話題扯到一些會讓我的老二興奮的內容——

我刻意裝得態度和聲音都很誠懇，對他說：「傑瑞表哥，我相信你在田裡幹活鍛鍊出來的結實肌肉都還在呢。你看，就胸部這一塊。喏，就是這裡。」我指了指。

「嗯？我不這麼認為耶，有興趣的話，你摸摸看就知道了。現在恐怕連一點點肌肉都沒有了，軟得跟小嬰兒的屁股沒兩樣。」

對當時我年輕的小腦袋來說，無數個讓我在早上醒來發現被單、睡褲濕了一大片的春夢高潮情節不正要活生生在眼前上演嗎？於是我伸出手，摸他溫熱柔軟的胸膛，手指在兩胸上游移，用手掌捏擠著他的胸膛肉。

「你說得對，表哥。但你有想過做點像是體操之類的運動嗎？」

我的老二這時已經生氣勃勃地在我腰間搏動著。我真的很想倚著表哥，在他身上磨蹭直到爆射出來為止。不過我實在太害羞了，根本不敢把這想像付諸行動。

當他正要開口回話時，我好奇又緊張得發抖的手指順著他胸口往下伸，越過腹部，朝他睡褲的束帶伸去，同時暗地撫弄起我自己的老二。

當我鬆開傑瑞的睡褲束帶時，他突然挺直了身體，讓我不安份的手指可以往下伸進去，探索他兩腿間的神祕地帶。我很興奮，因為他的老二馬上在我手中槓了起來，接著我開始撫弄起他脹熱的老二。

在我生嫩的手技撫弄之下，表哥開始低吼呻吟、扭動身體。不過當我摸到他小得誇張的雞巴時差點笑出聲來。雖然他大我幾歲，比起我的胯下之物，他的可是小巫見大巫。

儘管如此，我還是費力地套弄著他的雞巴。在我進攻後沒過多久，他大叫一聲，射出了一道濃稠精液，濺到自己肚子上。但讓我非常失望的是，他在完事之後馬上轉身呼呼大睡，那晚我還得自己打才能高潮。

因為傑瑞他們家後來搬離我們更遠了些，所以在那晚之後我就很少再見到他了。後來他有機會再到我家拜訪，傑瑞也因為年紀較大，可以不必那麼早睡，當我在床上孤枕而眠的時候，他可是整晚都在跟女人打諢鬼扯。接下來有好幾年，我沒再見過他，而就在這些年間，我的人生有了許多有趣的體驗轉折，但他的生活卻變得平淡無趣。

大約再過了三年吧，傑瑞結了婚。在一次聚會中，我恰好有機會和他獨處一室，對他提起那晚自己因為好奇所作的慚愧行為。不過，我相信他事實上根本就沒忘記發生過甚麼事，因為他之後每當看見我，眼裡都閃著一種奇特的光芒。

我請他吻我、原諒我當年的荒唐行徑。起先他臉上一陣漲紅，但卻隨即拉住我的手，往他的腰環去。

「傑克，你知道嗎？我會原諒你，你那時候實在很調皮。」他回話，吻了我。

「可是，傑瑞，我好喜歡你，現在還是一樣。你可以原諒我嗎？」

他的臉紅了，眼神飄向別處，心裡似乎頗為感動，但就是不看我的臉。我知道自己的詭計就快得逞了，便加倍專心地使出我當年在外學到的手段──多說點話、多聊聊天，從壁櫃裡拿出為了「特別時刻」而準備的白蘭地。很快地，我已暗暗地在我倆心裡成功點燃一波波的慾火。

我表哥娶了一個又老又醜的女人，這老女人是因為很有錢才擄獲他這認為「有錢就一定能快樂」的笨蛋。

結果怎麼樣？你應該猜得到。房間裡剛好有張舒適的沙發，我們倆全身陷進了沙發裡。儘管他假裝很抗拒，我還是摸到了他的肉棒，而且讓他的屌插進了我身體裡。他是那種你偶爾會遇到的，表面很安靜、但私底下性慾爆發力十足的男人。在他老二都還沒從褲子探出頭時，我的屁眼就已經迫不及待、準備要好好迎接他從裡邊所射出滾燙濃稠的精液！而且，我的胃口慢慢被他養大，常常被他插了以後，還覺得不滿足，想要更多呢！

我們幾乎就像玩火般鋌而走險。只要我有機會造訪他家，他都會趁老婆熟睡之後偷偷溜進我房間。他會把我幹到不行之後，打我屁股、舔我的老二，用手指插我屁眼，以及所有他想得到的方式，讓我當晚一定要射個好幾回。我們從沒談過當年那些夜晚在我臥房裡發生的事，也沒想過要弄清楚為什麼我倆會這麼迅速地沉溺在現在這樣的關係裡。我們就這樣地享受了好幾個月的男體之歡，直到我決定繼續向外探險為止。

第三章　第一堂的高潮課

在第一次見到傑瑞不久之後，我就被送往格羅切斯特（Gloucester）的一所學校念書。那些跟我一樣寄宿在校的學生，每個人在宿舍都是兩個人共睡一床。

我到現在對第一天晚上發生的事都還記憶猶新！當時我的室友是位高年級的學長，叫富里曼。寢室才熄燈沒多久，他就迫不及待在我身上亂摸，不一會兒他的手就摸到我的老二。那時我傻頭傻腦的，對這檔事還沒什麼概念，不過底下倒是發育得滿不錯的，而且經他這麼一摸也已經硬梆梆了。

「哇，你的老二長得還真漂亮！」他低聲說道。「你摸摸我的，我的還沒你的大呢！」他邊說邊把我的小手拉往他同樣翹得半天高的屌。

「來，幫我打，你手就像這樣上上下下地動。」他又說：「我們這裡每個人都這樣玩，你喜不喜歡？」

我全身顫抖。就在我上上下下地套弄著他的硬屌時，一道溫熱濕黏的液體突然從他那兒噴出來，把我的手給弄糊了。

「我們管這東西叫『出來』，很爽的！」他說：「而且，在這邊大家常會互插屁眼，然後射在裡面。有興趣跟我試看看嗎？」

「不要啦。」我一臉無辜地回答。「我覺得這個主意很蠢，因為屁股是用來拉便便的，不能有其他用途。」

「你別傻了，小學弟，」他教訓我說：「你一定有自摸過，對吧？我從你的臉色就看得出來，你跟我們大家都一樣，都自慰過。我現在要給你來個考驗。來，我保證你今晚會跟我試一回，你肯定會把你那根漂亮的雞雞插進我屁股裡。絕對不會讓你後悔的。」

我有點猶豫，因為這跟我先前和傑瑞玩的那套可不一樣。雖然我很清楚男男女女在黑漆漆的晚上都在幹些甚麼，不過插屁眼這回事我可從來都沒想過，畢竟我當時還很年輕啊。

不過，洞就是洞，腦筋稍微動一動自然會啟動男人的本能反應，知道該怎麼做。況且富里曼所說的，聽起來還真的挺誘人的。

「好吧，學長，我可以試看看你這個奇怪的玩法。」話才說出口，我的下腹部就有一陣陣奇特刺激的感覺竄了上來。

「哈，小學弟，很好！」他喊了出來。

他褪下褲子，把屁股朝我挪過來，用口水潤了潤自己的屁眼和我的龜頭，領著我的肉棒往他屁眼插，自己又用力朝我這端一頂。

我使盡全力回頂過去，過了某個點之後就好像竅門全開，一路暢通了。不久後我整根棒子已經全插了進去。生平第一回，我覺得自己的屌好像包覆在一個又濕熱、又緊實、而且很舒服的套子裡。

「用力！你抽動看看。」他低聲說。配合著口中的指令，他還一邊前後擺動著他的屁股示範著。

這感覺實在太舒服了！我忍不住伸手抱住他的腰，爽得渾然忘我，直到一陣震顫感從體內竄上來。高潮來臨時，屌彷彿要炸開似的震撼。那當下，我們兩人都爽到得停下來喘口氣才行。這就是我生平第一次和男人做愛所體驗到的無上高潮！

我入住學校的第一晚，其他同寢的住宿生似乎都安安靜靜的，不過隔天晚上，當大家都回寢室準備就寢時，富里曼馬上就把小傑克當成最親密的好朋友，介紹給另外六位宿友。

「各位，你們瞧瞧這小老弟的老二多漂亮！他昨晚可把我給操翻了，而且那還是他第一次射在裡面噢！」他邊說邊撩起我的襯衫，把我的老二掏出來給大家鑑賞。

大家都圍了過來握握看，讚嘆造物主給了我這小男生甚麼樣的異秉。不久後，房裡所有人全都脫得一絲不掛，而且每根屌都翹得半天高。我們互相比起大小，接著他們開始抽起獎來，看看誰可以當第一個插我屁眼的幸運兒。謝天謝地！最後是一個雞雞最小的男生勝出，得到這個眾人渴望的獎項。他大概十八歲左右吧，是個長得挺可愛的男生，我第一眼就喜歡上他。

他走近、開始吻我，一手環抱我的腰，肚腹與我的緊緊相貼。他那比我小得多的硬屌一直抵著我的肉棒來回磨蹭。

這時有人說，如果我們不把窗戶關上的話，燭光恐怕會讓大家洩底。於是大夥從床上抓了幾條毯子罩住了窗戶，好遮掩可能外洩的燭光。

接著，我臉朝下趴在床上，好讓我的後庭能夠迎接我可愛的小情人接下來的造訪。其他人開始從罐子裡挖了些髮蠟，在我的屁眼和他的龜頭都抹上一點。因為他的屌並不大，所以要插進來不難，不一會兒，他就開始讓我覺得舒服得不得了，特別是當他雙手繞過我的身體，邊操邊套弄我硬挺肉棒的時候。

我睜眼一看，發現正在操我的小情人竟同時被人從背後操著，沒過多久，房裡的八個人全插在一塊兒了。每個人的屁眼裡都插著另一個人的屌，一連串屁眼和屌的親密接合，成了一個男體肉串。哇！一想到這景象，我就覺得刺激得要命。當最後高潮來臨那一刻，所有人不約而同都發出淫蕩狂浪的興奮吼聲，我也在我室友雙手的套弄，加上他精液的潤滑下，很快到達高潮，而且因為過度興奮而有點頭暈目眩。

日後，我們當然又玩了幾次雞雞大串連，只不過稍稍變化了一下排列順序。有的時候我們則只把屌掏出來互相吸吮，讓屁眼可以休息一下。

我非常喜歡含屌，每個室友的我都含過。在那段日子裡，我最愛的就是「這一味」，遠遠勝過其他招式！

然而很幸運也很不幸地，我在這所寄宿學校只待了兩週。因為我父親在一場意外中過世，家中經濟狀況不若以往，我媽負擔不起昂貴的學費，只得接我回家。還好我提早回家，否則我這輩子的健康可能都在那時因為玩太兇而搞壞了。後來也聽說，學生們在寢室裡胡天胡地的事情被人揭發，學校也因此關閉了。

第四章　農場長工克勞斯和喬伊

儘管後來我沒太多機會可以像在寄宿學校時玩得那麼瘋，但您可以想像，這些早年的性經驗是如何深深影響我日後的傾向。只要有機會跟朋友同床共寢，我必然會試著引誘他們跟我來一下。我知道社會認為這是敗德行為，但我還是禁不住地沉溺其中。

有一回，有個朋友和我同寢共枕，我一直忍著興奮到快發抖的情緒等待他睡著，或是說，等他假裝睡著。我小心翼翼地把手慢慢伸進他睡衣底下，在他誘人的重點部位開始撫弄，那時候我褲底下早就硬得根鐵棍似的了。我先輕輕地撫壓他的寶貝，等感覺到它在我的愛撫之下開始脹大起來之後，我再得寸進尺地進攻。通常我的床伴這時候會翻過身來，回應我的愛撫。我們肚子貼著肚子，不發一語開始在彼此身上磨蹭，兩根屌在彼此腿間抽插。我最喜歡的一招，是把我和他的包皮都稍稍往後拉退，接著把兩個人的龜頭靠緊緊，拉起我的包皮，將兩個人的龜頭同時包覆起來，之後開始慢慢地抽動。當最後高潮來臨時，精液射在對方龜頭上的感覺，就好像精液會從兩根屌裡往返激射一樣。這樣有多爽？只有親身體驗過，你才知箇中滋味之美妙！雖然他們通常比較被動，不過我倒是很少遇到會拒絕我的人，而且還會任我為所欲為。

隔天早上我通常不太敢直視我的床伴，可是我發現他們通常都會期待下一個夜裡我又會用哪種新招式來伺候他。

我快滿十八歲時有過一次性冒險。當時家裡請了一位年紀較長的僕人，他叫克勞斯，大概四十二歲左右，有一雙深棕色眼睛、臉上鬍渣子濃密，身體厚實，身材比例又好，全身精力旺盛的樣子，手臂結實得跟條大火腿似的，胸肌脹大得快撐破襯衫，而且光從外型推判，他的屁股也翹得誘人。

當時我的臥房就位在一座老農舍的閣樓上，爬上一架危危顫顫的老舊木梯就是我房門口，隔壁則是克勞斯的房間，兩邊距離差沒幾步。克勞斯是唯一住在我家裡的僕人，因為我們已經沒辦法負擔所有傭人住在家裡的費用了。這道木樓梯底下有個門可從內反鎖，以防竊賊或生人的刻意闖入。

每天下午，克勞斯堆完了牧草、巡完牛棚之後，他會回自己房間洗澡、換件乾淨的衣服。有時候我的好奇心一來，會在他回房換洗之前，先偷偷溜回我房間，等時候一到，我會脫下厚重的鞋子，悄悄溜到他房門口，從鑰匙孔偷看他換衣服。不過，在他脫衣、洗澡的過程中，除了看到他又寬又粗的胸膛和頸子之外，其實其他的什麼也看不到。

那時候我姐姐不住家裡，所以我就這樣偷偷觀察了好一段時日。每天晚上我躺在床上等入睡時，腦子裡常想著克勞斯，不過我不敢有所行動，因為克勞斯那麼大的個子其實還讓我挺怕的。所以我只能躺在床上，在自己身上亂摸，滿腦子胡思亂想。

有天下午，就在我正要把眼睛湊近鑰匙孔準備偷看的時候，竟然笨手笨腳地在門前絆倒，沒關好的門就這麼被我撞開。當時，全身赤裸的克勞斯正站在一面小鏡子前，欣賞自己的屁股和胸膛！他嚇了一大跳，但趕緊回神，抓了件袍子裹住自己粗實的腰，故意清了清喉嚨說：「好啊，好啊，小少爺，你覺得自己會看到甚麼東西？」

我結結巴巴，隨便找了個藉口掩飾。不過，他竟然要我進到他房間裡，還笑著說：「我知道你覺得可以看到我漂亮又神祕的寶貝，對吧？小朋友，我早就懷疑你的癖好了！」

「克勞斯，你不會跟我媽說吧？我一直都只看到你雄壯的胸肌而已。其實，我也想看看……」

「傑克，如果你不亂說話，我也不會亂編故事。老實告訴我，你期待看到甚麼啊？」一抹誘人的笑容從他滿是鬍髭的臉上綻放開來。

當我發現他並沒有惡意，我的信心又回來了。

「嗯，大哥，我實在很好奇，像你這麼又高又壯的男人，褲底下的寶貝看起來會是甚麼樣子？不管是軟軟的時候或變大的時候，我都挺好奇的。克勞斯大哥，你何不讓我看看你的屌和卵蛋咧？我真的很想看看，我敢說一定很大很漂亮。不如這樣吧，我這邊有一先令，如果你讓我看一下，我會很樂意給你。」

「小朋友，我不會拿你的錢。不過，如果你可以親親我那邊的話，我就給你看。」

「好，克勞斯，只要讓我掀開你的袍子看看那邊，我就親。」

「那，傑克，我也要脫你的，而且我也要親一親。就這麼說定了嗎？」

「你讓我看多少，我就給你看多少，快點！」我這麼回答他。

「你長得還真可愛。來，你先吻我，接著我們來玩點好玩的。你今晚想不想來跟我一起睡啊？」他這麼一問，剎時我覺得一口氣都快給吸走了。他伸手抱住我，朝他鼓脹的胸口又擠又壓。各位讀者，您一定知道我每天朝思暮想的，不就是這時刻嗎？所以我就讓克勞斯盡情地為所欲為。

沒多久，克勞斯圍在腰間的毯子就像是被一隻魔手撫弄似地輕輕落地。他未著寸縷、一絲不掛地在房裡轉起身子，讓我好好地欣賞他可口誘人、充滿陽剛之美的屁股，以及腹下那副大得嚇人的「雄性裝備」。

「吻我之前，你先脫衣服吧！動作快點，不然你的屁股可是會被我眼裡的慾火燒到燙傷！」他邊催促邊跳近我身旁，漲紅的臉就在我面前，眼裡流洩出些許我先前從沒在他臉上見過的淫蕩魔性，完全不似我小時候印象中老是緊鎖眉頭的克勞斯。在我離開寄宿學校之前，我怎麼從沒注意到這個又高又壯的漢子？也許是因為我現在長大了，對這檔子事有所想像，所以才注意到他。雖然在很多事情上，我的確還是個毛頭小子而已，不過在與克勞斯的交歡經驗裡，我的無知可說是個大利多，讓我嚐到不少甜頭。

我漲紅了臉，克勞絲毫不掩飾的慾求讓我害羞到說不出話。

「傑克，你臉紅了。以前沒看過男人裸體的樣子嗎？」他問。調侃我似乎讓他覺得很有趣。他對我吻了又吻，同時動手剝下我身上的衣褲；刺人的鬍子在我臉上又刮又搔，都快把我的臉皮給刮傷了。在他饑渴的火熱目光下，我僅有一件襯衫遮蔽身體，幾近全裸。

「來，跟我一樣，把這件也脫了吧！讓我瞧瞧你這小男生現在長多大了。」他邊說邊扯下我身上最後一件襯衣，「我們好好脫光來抱抱吧！」

「現在，你先親我，我再回吻你。」把我推倒在床上時，他以輕柔誘人的語調說道。「呦，瞧瞧，你底下的小傢伙已經硬成這樣了，真不敢相信你屌這麼大，而且還這麼漂亮！等下你親我屁股的時候，我一定要好好伺候它！」

我聽話地照著他的指引動作。就在我躺上床時，他傾身過來，兩隻粗腿大開，讓陰毛濃密的兩大顆肉球攤垂在我臉上，壓著我的唇，讓我快喘不過氣來。儘管先前我還是有點害怕，但出於本能驅使，我竟開始噘起嘴，吻起這兩顆垂在我嘴邊的大卵蛋。

很快地，他也握住我硬挺的傢伙，對我的肚子、大腿根，嘴巴一開一闔地在我發抖的肌膚上又親又咬。我所能想到用來形容他這時的樣子，就是童話故事裡冒出來的大熊或野狼，眼裡閃著兇光，吞食著我年輕溫熱的肉體。

原來當心中無比恐懼，但同時卻也滿腔慾火的感覺，竟是如此奇特。

接著他熱燙的雙頰貼上我的肉屌。就在那當下，我感覺到他的唇吻著我的龜頭，雙手輕柔地拉住包皮往下推，接著，我的屌已經在他溫熱濕暖的嘴裡享受他細細舔弄的快感。這時我也投桃報李地回敬，開始伸舌舔動他的屌根底部，使盡全力伸長舌頭舔舐，並且張口輕咬。

他吸屌的技巧真是精妙高超，同一時間裡，他的熱屌也在我唇間蠕動。

不一會兒，他就射出一道濃稠精液，噴濺在我臉上，我也刺激得馬上在他口中射出我新鮮年輕的精液，他饑渴地吞下口中每一滴的精華。

「我們做了那檔子事了。」他嘆了口氣。「有點淫穢，不過感覺還不差吧？」他慢慢起身，我們兩個依偎在床上又躺了一會兒，彼此愛撫、親吻，撫弄彼此的寶貝。最後，他突然跳起來，要我趕快回自己房間，因為他擔心我媽媽會來叫我們。

「你東西收一收趕快回房間，之後只要身旁有別人在場，就不要一直盯著我瞧，這樣別人一定會起疑心。如果你想要，等大家都睡了，隨時都可以來我這裡，我們可以整晚抱著一起睡。」

那天傍晚的午茶時刻，我滿腦子盡是和克勞斯共享的肉體之歡，以及對今晚即將來臨的火辣激情的期待，完全無心於眼前的茶點。一想到這些，禁錮在我褲襠裡的老二就不禁硬起來，到後來我根本已經不知所措了。

我試著讀點書、看看雜誌，好紓解太亢奮的情緒，不過一點用都沒有，直到我媽察覺我臉泛紅又情緒焦躁，八點一到就要我回房睡覺。

我們全家習慣早睡，晚上十點左右大家都已上床就寢了。可是離十點還有足足兩個鐘頭，我該怎麼度過這段難耐的時刻才好？我實在想不出有甚麼辦法，只能不安地躺在床上，伸手進褲襠裡撫弄自己那根硬挺挺的肉棒。

我想我一定是睡著了，因為我半夜醒來時，赫然發現身邊竟然躺了個人，而且還緊抱著我，吻著我的臉頰。

「是我，克勞斯。沒想到你竟然這麼快就把我給忘了，而且還呼呼大睡。我是不是該回自己房間？」他在我耳邊低聲道。

「別走！我真的很喜歡你！」我低聲回應，同時也熱烈回吻著他。

「那到我房間吧，睡我的床會舒服點。」我們就轉戰到他房間，一進房躺下就舒服地互擁。

「傑克，你在學校有沒有跟別的男生做過什麼下流的勾當啊？」他這麼問我。

於是我就一五一十地將我的和富理曼的性冒險經驗，以及在學校我們這些年輕男孩如何享受用屌互插屁眼的樂趣都告訴了他。在暗夜裡，我細細地描述給他聽，從他時而緊張地抓住我的手臂、時而微微顫抖的肢體反應，我感覺得到他心中努力壓抑的興奮之情。

「所以在今天下午我們親嘴之前，你對熟男的身體一點概念都沒有囉？」他問。

「都沒有。不過，我今天倒是很高興一個像你這樣又高又壯的成熟男人來『照顧』我。克勞斯，我好喜歡親你那邊，」我邊說邊用手摸了摸他的寶貝。「我可以再吸一次嗎？」

「不行，現在我們來玩爸爸、媽媽的遊戲。你要把你漂亮的小雞雞插進我屁眼，也就是我的男穴裡邊。」他溫柔地把我攬入懷裡，張開腿，伸手握住我的屌，引著我插入他兩顆大卵蛋底下的穴口，這地方看來已經迫不及待地等著我雞巴的探訪。

因為汗水的關係，他的屁眼已經很濕潤了，所以我的肉屌沒費太多氣力就輕鬆地插進他濕滑的屁眼裡。插進他體內的感覺濕濕熱熱地，滋味實在銷魂。我感覺得到他的雙臂包覆住我的屌，便本能地開始快速抽插了起來，嘴也自動地迎上他的唇，伸舌在他雙唇間撥撩，他張口含住我的舌頭，我的魂感覺都快被他給吸走了。他翹起臀部，隨著我的抽送激烈地上下擺動，緊緊抱住我纖瘦的身體，好似正在保護我別從他這匹發狂的戰馬上跌下似的。

「噢…噢……噢！傑克，你這個壞小孩，你操得我快要射了！啊……」就在那個當下，克勞斯猛烈地彈起身子，我的雞巴、睪丸和大腿根還像個引擎地劇烈震動著，就快逼近銷魂的高潮臨界點。

「傑克，來，你趴上來，這樣我就可以讓你抓我的胸毛。」克勞斯低聲說：「捏我的奶頭，盡量用力。乖孩子，你越用力操我我就越爽快。」

我趴在他壯得像座山的身上，手指在他寬厚胸膛上那叢汗濕捲曲的胸毛裡糾結，肉棒用力地深深插進他體內。在他的臂彎中，在滿溢的熱燙汗水裡，我用力地捏擠著他的胸膛肉，他雄壯厚實的誘人軀體像爆發前夕的火山抖動著，刺激得讓我拋掉所有的矜持，伴著一聲又久又大聲的嘶吼，在他屁眼深處迸射出一道道濃熱精液。但我沒有停下，仍舊衝刺抽動，直到最後一滴的精華在他屁眼內射盡為止。

我稍稍喘息，從他這個巨人身上翻身躺平在床上，等著他胯下的龐然大物進到我身體裡。

從今天下午在他門口跌了一跤撞開門之後發生的一切，我都覺得很自在，但現在我看著克勞斯粗壯的胯下傢伙，心想這東西即將插進我體內，心裡竟有點害怕起來。

「克勞斯，你的雞巴好大。如果你插進來，我可能會裂成兩半。」

「小少爺，你別傻了。你先前告訴我的經歷可不是鬼扯，你老早就不是童子雞了。勇敢一點！當男人準備要插進這麼一個可口的屁眼前，你最好不要讓他分心。」

「啊！噢！怎麼會這麼痛！」當他從屁眼口一點一點地插進我體內時，

我喊了出來。從我的喘息和叫喊聲中，您就可以想像這實在痛得像是一場沒打麻醉藥的手術。不過後來，過了一個關卡之後，我們開始漸入佳境，就像水手的行話——「大船入港」。當他的屌完全沒入我的屁洞後，他朝我的嘴送上了一個心滿意足的吻。

「少爺，你就躺著，好好享受吧！你會覺得很舒服，我也會很樂。」

這真是個好建議。我伸腿包夾住他結實的腰，抬高我的屁股，這樣才能好好地接納進他的大傢伙，承受他送來的每次猛力抽插。

我又緊又燙的後庭和抖動的屁股似乎讓他的大屌非常地興奮，他一身汗濕，我實在難以形容此時體內的感覺，彷彿克勞斯的屌就快插到我的心臟，或是肚子快被他的傢伙戳破。當他瀕臨高潮之際，我覺得自己的肉體就快崩解了，但他顯然完全地陷溺在即將噴射而出的狂喜當中。我覺得自己的靈魂在這樣的感官極樂下，就像全然地溶解在克勞斯的雄汁裡了。

「我感覺它射在我裡邊了，好燙、好舒服啊。啊！這滋味實在勝過我先前所爽過的經驗。」我饑渴地抱住克勞斯，吻著他，喘著氣地說。

「才不！你先前可沒體驗過被一個成熟健壯的男人插屁眼是什麼滋味。我很高興你也喜歡這招，因為我也很愛插你這個小小的洞咧。」

那晚，我們又吻又舔著彼此的寶貝，直到天色微亮才沉沉相擁入睡。

睡了一會兒，我醒了，準備趁天亮前回自己房間。在黎明來臨前夕的微暗天光中，一個奇怪而且陰沉的聲音喊了我的名字。我停下腳步，一股微微寒意從背後竄上來，我回過身，看見克勞斯從床上坐了起來。

「傑克少爺，」他略帶嘶啞的聲音又喊了我一次。「你和我，我們兩個都犯了聖經裡那種索多瑪之罪了。但你後悔嗎？你會覺得很可恥嗎？」

到今天，我都還記得那暗藍色的天光從克勞斯背後半掩的窗子透進來，他壯壯的身影看起來像聖誕老人的景況，不過，他皺著眉，大睜的雙眼裡透著一道強烈的光芒。他提出這個不尋常、甚至帶有不祥意味的問題讓我想了一會兒。「不會！克勞斯先生，我想我不會。對於今天我們做的事情，我不會後悔或覺得可恥。這種罪不該讓男人被火焚處死，不該讓女人受罰變為鹽柱！」

在這首次共度的夜晚之後，我們時常共眠，不過我不會常常讓克勞斯操我，因為我告訴他縱慾過度可能有損我的身體。

有天早上，克勞斯言之鑿鑿地告訴我一個祕密，他說他常會和那個幫忙他擠牛奶的長工喬伊在牛棚裡搞。「你知道我偶爾會讓他幹什麼嗎？牛棚那邊有個我們擠奶時坐的長凳子，我們會選一隻性情最穩定、奶頭又長又漂亮的乳牛，然後呢，我會把凳子在牠底下擺好，趴在凳子上，讓喬伊握住乳牛的奶頭，塞進我的嘴裡，他會一邊上我，一邊開始擠奶。這招感覺很不賴，又可口，比什麼都還來得爽，男人都沒這麼厲害。我只要一感覺到熱熱的牛奶灌進我喉嚨裡邊，加上喬伊的屌在我屁眼攪啊攪地，我的雞巴就會變得又大又硬。今天晚上你應該來親眼瞧瞧，我跟喬伊保證你會守密。我們今晚可以讓你看個夠，因為你媽媽說今天吃完晚飯就會出去串門子。」

這實在是我的好機會，因為我一直都很想跟喬伊混熟一點。喬伊大概十七歲左右，是個長得好看，身材又結實的男生，他的臉常常紅咚咚的。他一直對我有些冷淡，畢竟對他而言我是農場雇主的兒子。一想到他跟克勞斯玩的招式可以放得這麼開，果真證明了人實在是不可貌相啊。

就在我媽毫不知情地出門之後，我和克勞斯就走往牛棚，喬伊已經在那兒笑盈盈地等著我們。我們一進牛棚，克勞斯馬上對他說：「快，我們趕緊準備準備，把那隻叫做小櫻草的牛留下來吧。讓傑克小少爺好好看看你如何在我體內擠奶。」

我不必等太久，因為牛棚裡只有七頭牛。他倆很快就在小櫻草這頭乳牛腹下把擠奶凳擺好。克勞斯趴了上去，動了動身子，把自己的嘴對著這隻溫馴乳牛的乳頭安置妥當；這頭牛轉轉頭，用鼻子頂了頂克勞斯，溫柔地親了親克勞斯的臉，看起來好像對這些動作都已經習以為常了。

喬伊很快脫下克勞斯的褲子，露出他毛髮濃密、又大又翹的屁股，接著，他握住牛的一個乳頭開始撫弄，不過不是要擠牛奶的那種預備動作。一等牛的乳頭變硬得像根真屌似的後，喬伊便把牛乳頭塞進克勞斯的嘴裡，開始擠起奶來。同時，他也從褲子裡掏出自己的雞巴開始套弄，讓它脹起來。

克勞斯的眼裡馬上就發散出一種不尋常的光芒，大喊：「繼續、繼續，動作快一點，感覺太棒了！」邊喊還邊抬高屁股，示意喬伊趕快上他。一波波的白色牛奶隨著喬伊每次擠奶的動作從克勞斯的嘴裡溢流而出，沿著臉頰，滴流在他的鬍子上，更有幾滴像珍珠一樣噴濺到他胸毛叢上，看得我實在心癢難耐，不過看到喬伊又脹又紅的肉棒來回地在克勞斯的屁眼抽送，更是讓我慾火高漲。

從踏進牛棚開始，我的屌就一直硬著。現在看他們這樣，更讓我身體裡滿是渴望的慾火。喬伊鼓鼓的臉上一陣陣的潮紅，我知道他自己也很享受現在這樣奇特的場面。他全神貫注地看著自己的手上上下下、自己一雙大腿前前後後地擺動，似乎也被克勞斯在吞飲著溫熱濃稠的汁液時發出的滋滋淫蕩吸吮聲響，給完全地催眠了。

我興奮得快爆炸，伸出手顫抖地解開喬伊的褲子鈕釦，把他的褲子褪到膝蓋下。老天爺！在我發亮的眼前可是一只沉甸甸的飽滿陰囊！我發著抖托住它，在他背後跪下，低頭對著它印上了好幾個濕熱饑渴的吻。喬伊突然轉過身來，似乎有點被我的舉動嚇到。克勞斯對他笑了笑，點點頭示意沒問題，我便動手稍稍拉下了喬伊肉棒前端的包皮。

在他白皙的大腿間，從那近乎墨黑的陰毛叢裡矗立而起的，是一根正顫動著的大屌。我用溫柔的嘴巴伺候它，巴不得馬上把它所射出的每一發熱燙發亮的精液吸得乾乾淨淨！我幾乎含住了他肉屌的每一寸每一分，來回舔吮，用舌頭在他肉柱上打滑轉圈，雙手饑渴地挑弄他沉沉陰囊內的一雙大睪丸。

他幾乎是近乎狂吼地大喊：「要出來了！傑克！噢⋯⋯噢⋯⋯⋯啊！」他

在我嘴裡插得好猛烈，猛到幾乎戳到我喉嚨讓我岔了氣，然後，如我所願地，他在我嘴裡射出了所有的濃稠精華。

之後，他稍稍回神，繼續執起乳牛的乳頭在克勞斯淫蕩的嘴裡擠起奶來。克勞斯事後跟我說，看到喬伊操我嘴巴的景象實在讓他慾火加倍高漲。

我起身，褪下褲子，把脹紅的龜頭對著喬伊的屁眼，他稍稍往前弓起身子，把屁股向著我頂過來，方便我好好操他。我把手指頭伸進裝滿的牛奶桶裡，潤濕之後往他屁眼口和我的龜頭上抹一抹，潤滑一下。

顯然他還是個沒經驗的小處男，我伸手環住他的身體，伸手到前邊愛撫他的雞巴，費了好一番功夫試著插進他屁眼裡，搞得他痛得大叫，也把我弄得有點破皮，最後才插了進去。

「啊！現在感覺很好了，繼續啊，小少爺。用力幹我、打我！啊，我又要射了，我受不了，快，射在我裡面！」他大叫。

相信我，我真的射在他裡面了。我以前可從沒射過這麼多量！我全身發抖、射個不停，不管是以前在學校跟同學搞、或是最近跟克勞斯這樣玩，我又熱又脹的屌都從沒像今天這麼地大、這麼地粗過！

之後，只要我媽不在家，我們三個都會一起「複習」一下這個遊戲。我常常造訪喬伊緊實美妙的屁眼，他也會讓我嚐嚐相同的滋味，不過我們都沒跟克勞斯說，因為怕他會眼紅嫉妒。事實上，克勞斯偶爾也懷疑我是不是愛上喬伊了。

自然而然地，我也因此慢慢疏遠了克勞斯。

第五章　查頓侯爵

就在我滿十六歲後沒幾天，我媽媽就送我到一家位在倫敦西區、名叫「西聶伊果（Cygnet & Ego）」的布莊工作，那兒因為做的都是貴族生意，對道德非常地重視，所以年輕人想在寢室裡想辦法「自娛」可是連門都沒有。

在我工作的這間布莊可以看到不少俊男，看得我都快發狂，因為他們全是可望不可及的禁果啊！來這邊才不到幾個星期，我的屌就都快炸了，得常常躲進更衣間偷打手槍才行。我常想如果有機會的話，一定要冒險跟他們來一回，任何一個都好，至少能緩解一下我高漲的青春慾火。

有天下午，我正在櫃台後邊忙著，聽到有個陌生聲音正和店長說話。

「古斯先生，您挑些品質好一點的布樣，下午四點鐘左右請那個男孩子送到我們府邸，我弟弟想挑一下。」

我心頭一震，一抬頭便看到一位異常俊美的年輕男子和一位同樣俊秀、約莫三十歲的男人。這個年紀大一點正在跟店長說話的男子，看起來就像是他的哥哥。

店長彎著腰送客說：「好的，先生。我們會準時到府上為少爺服務。」

客人才剛離開店裡，店長馬上交辦我這個任務，準備送滿滿一馬車的絲綢到皮卡迪里廣場上的查頓侯爵府邸，讓高貴的少爺挑選他喜歡的樣式。據我剛剛所得知的，這位少爺其實叫丹尼斯．孚貝羅，是侯爵的朋友。

前來迎門的僕人很客氣地引我到少爺的房間，而且還幫我把所有帶來的布料都搬進了門。不過他們這樣的客氣接待，其實略顯矯情做作，因為我心裡很清楚，在他們眼中，我只不過是個布店的小弟罷了。

「您叫什麼名字啊？」孚貝羅少爺顯然剛從外邊回來，只簡單地穿著一件寬鬆罩袍坐在扶手椅上，從厚厚的書後抬頭望著我問道。

「我叫紹爾，是西聶伊果布莊特地派來送布料來讓少爺挑選的小弟。需不需要現在幫您送上呢？」

「詹姆士，把東西拿來吧，吩咐威廉準備些酒和餅乾，我得留這年輕人在這兒一會兒。這麼多好東西要挑，可得花點時間才行。您請坐，相信您在店裡頭一定累得像奴隸一樣，應該也沒時間好好休息吧。」

我很快就對這位俊美又親切的少爺生出了好感，他的親切招待卻也讓我無法克制地起了反應，在他襯著深色睫毛的湛藍雙眼凝視之下，我的屌竟失禮地脹了起來。

一抹清淡的紅暈浮上他白皙的雙頰，他一頭金髮、貝齒、如櫻桃般的雙唇，讓我不禁看得恍神。

「喝杯酒吧，紹爾先生！你會需要喝一杯的，因為我很挑剔，所以等會兒你得把這些帶來的布料上上下下拿給我看仔細。來，先喝杯酒，別客氣，您自便。」

見我沒有進一步動作，「怎麼？您不邀我共飲嗎？請幫我斟杯酒，您自己也吃塊餅乾吧！」他略帶嘲弄笑著說。經他這麼一說，我臉都紅了，趕忙連聲道歉，對於他這麼客氣的態度，我還真不自在。

「您之後可能還得常來，所以自在一點，把這裡當成自個兒家吧！祝您在布莊的工作順利，和我共飲一杯吧！」他話說完，便舉杯就口，我也趕緊端起杯子，祝他未來事事順心如意。

他勸我再喝一杯，喝完就準備攤開布料讓他挑。然而喝了酒之後，我覺得身體裡有股熱浪翻攪，剛剛的酒似乎加了甚麼特別的成分，開始發作了。

他似乎正全神貫注地看著布料，撫觸布面的手不時碰到我，在這輕柔的撫觸下，一股如電竄流的熱浪突然在我體內高漲、爆發，占據了全身。

過了幾分鐘之後，他突然虛弱地倒在扶手椅上。

正當我想去搖鈴求救時，他說：「噢！紹爾先生，麻煩用點水沾濕我額頭就成，不必叫人過來，一下就會過去了。啊！我腿抽筋了，怎麼每次一虛弱就發生呢！請幫我按摩右腿，越用力越好。」他大喊，看起來是真的很痛苦的樣子。

他的頭後仰倒在扶手椅背上，雙眼緊閉，痛苦的神情看上去竟反而十分誘人。他昏了過去——這可是我的大好機會！我怎能抗拒不去偷掀開蓋住他神祕地帶的那件袍子呢？

老天爺！他竟然沒穿底褲！

正當我撥開他的大腿，打算要摸看看他兩腿間那叢捲捲陰毛底下的雞巴時，他輕呼一口氣，竟然醒了過來。

「老天爺！紹爾先生，您剛剛看到了甚麼？」他趕忙起身穿好罩袍。

我渾身熱血沸騰，抱住他，語氣饑渴地說：「親愛的少爺，您剛剛已經讓我看得性致高昂，我忍不住了，如果能得到你，我死也願意。」

我把一條腿頂進他雙腿間，試著再撐開一點，他似乎奮力抵抗，我們一攻一防，氣喘吁吁。慢慢地，我的蠻力顯然占了上風，熱燙腫大的龜頭已經進逼到他的後臀了，我開口吻上他脹大的龜頭，極其淫蕩地用力吸吮舔舐著他因為興奮而滴流出來的甜美愛液。

「啊！啊！啊！」他棄守了，雙腿漸漸放鬆下來，我贏了。我的龜頭順利地通過他一張一合、濕潤的屁眼，再進一步，用力地讓整根屌沒入其間。老天！裡邊真是舒服，感覺就像是被一陣風暴給送上天堂似的爽快。我才沒抽送幾下就達到高潮，忍了許久的溫熱精液就這麼一道道灌進他體內。

在這樣的狂喜之下，我們兩人都爽到快昏過去。我趴在孚貝羅少爺身上，他白皙的雙臂抱著我抵住他的胸口，在他雙唇炙熱地吻著我的當下，我體會到筆墨言語都難以形容的喜悅。

突然，一陣笑聲讓我驚醒。我環顧四周，想找出笑聲何來時，頓時嚇傻了，因為遠遠出乎我意料之外地，我看見侯爵就站在那兒，而且還摸著自己直挺挺抖動著的屌，顯然是很喜歡剛剛所目睹的畫面。

「你還真是個小淫娃啊！誰想得到出身名門的丹尼斯先生竟然會用這

種低級的方法和布莊小弟喝下午茶！我現在要好好處罰你們兩個。你！你得跟哥哥我來一砲，至於您，布店先生，您就在旁邊好好看個仔細。」

侯爵突然現身讓我嚇了一跳，原本硬挺的屌也嚇得洩氣垂軟，我紅著臉，趕緊從孚貝羅先生濕黏的屁眼裡抽出。

就在侯爵把他的朋友推倒、準備開幹時，他大聲對我說：「在我操他的時候，打我屁股，用你的屌插我屁眼，我會付你一筆錢。噢！我的丹尼斯，不管是誰，誰都不准嫁給你。我一定要先看到帥男孩狠狠地操你我才有辦法跟你來一砲，我的小親親。至於您，布店小夥子，用力伺候我的屁眼吧，這樣我才能好好享受丹尼斯的滋味。」

我寫到這裡，一回想起來，褲襠裡的小老弟又禁不住硬了。當時，眼中看著侯爵操著丹尼斯少爺的景象，實在讓我胸中慾火更加猛烈，我一手拍打他的臀肉，一手忙著從下邊抓弄他的睪丸，和在丹尼斯少爺可愛的屁眼裡進進出出的肉棒。

「幹我、捅我，不然我射不出來。」他大喊。我當然不會拒絕這樣的邀請，便吐了點口水，抹在他毛茸茸、滿是皺褶的屁眼上，接著握住我的龜頭，往這緊縮的洞口，用力地送進去。

我的老天，感覺真爽快！儘管已經慾火焚身，侯爵還是緩緩抽動，而我和丹尼斯少爺因為剛剛才爽過一回，所以這次並不打算太快就到高潮。

在侯爵狠操丹尼斯的同時，我一邊套弄他進進出出的雞巴，搔弄他的龜頭，自己硬燙的熱屌則是在侯爵的後庭裡出出入入。

沒多久，我們三個人幾乎同時達到高潮，一股股如電的快感竄流全身，大家都不自主地抖動起來。

大戰終於結束，我們並躺在一起，侯爵和丹尼斯少爺一直溫柔地輕撫著我，一直到我非得起身回店的時間。丹尼斯少爺很快地挑了一些布樣，而侯爵則塞了一張十鎊的鈔票給我，說之後還可以常到家裡來幫他助興。

就這樣，我到侯爵府邸玩了兩年，直到丹尼斯少爺的健康出現問題，侯爵決定陪他一起到那不勒斯休養為止。

我猜在這段關係裡，雖然侯爵到後來一定得看人狠操自己的愛人才有辦法和他交合，但他們應該在年輕時就相互愛戀對方，才因此都不願各自娶妻婚嫁。而丹尼斯少爺應該也深愛著侯爵，才能忍受被侯爵作為誘餌，用來吸引像我這樣的年輕男子，為他們倆的性事加溫助興。

第六章 哲理歲先生的私人會所

在侯爵和他俊美的夥伴離開英國之後，我就沒再見過他們了。約莫過了一、兩個月，有一天，我等候著一個從城裡來的有錢紳士，我們姑且稱呼他斐迪南先生，他約莫三十四、五歲，是個銀行家，長得不只好看，而且還有點特別。他喜歡讓像我這樣年輕的男孩子替他打手槍——現在，我到了這個年紀，看到像他這樣彬彬有禮的紳士也熱中此道之後，已經不會大驚小怪了。他真正特別的地方在於，每次在我去找他的時候，他都要在頭上和上身套上一件很寬鬆的、男人穿過的底褲。

看到像他這樣一位高尚優雅、有錢又有聲望的紳士，坐在扶手椅上，一件寬寬鬆鬆的男用燈籠大內褲罩在他頭上、肩上，一根屌直挺挺地從褲子冒出來，這個畫面實在很有戲劇效果。我咬著舌頭忍住笑意，朝手心吐了口口水，準備開始伺候斐迪南先生的老二，我慢慢地上下套弄，直到聽見從他頭上那件燈籠大內褲裡邊傳來一陣陣低沉爽快的吼聲為止。他從不准我加快套弄的速度，或是拿掉他頭上那件可笑的內褲，不過，每次都會有一道道新鮮的濃稠精液從他搏動著的龜頭上又紅又細的小縫裡噴出來哩！

每次服務，我都能收到這位慷慨大方的先生贈送的禮物，有時候我也會特別提供一點額外服務——舔舔他的肉棒。

有一次，他希望我可以陪他過夜，我照做了，但隔天布店的店長古斯先生卻因我徹夜未歸而把我解雇。他態度和善卻語氣堅定地強調，這家布店立下的規矩無論是誰都不能破壞，就連他自己或其他的高階雇員也一樣。

斐迪南先生對我的不幸似乎很開心，他答應要引介我到一家祕密俱樂部去工作，那裡的會員都頗好此道，對我能提供的服務一定會很高興。我在那兒應該很快就會碰上不錯的運氣。

這家俱樂部藏身在波特蘭廣場（Portland Place）附近的一條街上，如果你從倫敦的地址本上找的話，這兒登記的是「哲理歲（Inslip）」先生宅邸。哲理歲，這裡睡，這名字還真是符合會員們在裡邊的所作所為啊。

不久之後，我發現，想在這家俱樂部成為可自由進出的會員，你得先繳上高達一百鎊的入會費，此外，每年還得繳上一筆可觀的年費；如果想要跟像我這樣的年輕人、或軍人等優質貨色玩一玩的話，還需額外付上一筆錢。

我的金主斐迪南先生很快就把我介紹給哲理歲先生認識，他對我姣好的面容以及胯下之物似乎感到甚為滿意。

見面當晚正好是聚會舉辦的時間，至少有一打的紳士正等著前來光顧。在我簽下一份非常嚴厲的守密條約之後，我就先離開了。他要我十點前再來一趟，屆時會把我介紹給這些會員認識。

就在哲理歲先生正送我出門時，門外有人正大力地敲著門。哲理歲先生一打開門，一個高大帥氣、金髮棕眼的年輕男孩迎面而來。

哲理歲先生說：「這位就是我在等的人。紹爾先生，容我為您介紹一位朋友——這位是佛雷德．瓊斯先生。佛雷德，你知道我們今晚有個聚會，在活動開始之前可否麻煩你照顧紹爾先生，等時間到了請你帶他一起出席。你就先教教他我們這兒的規矩，讓他熟悉熟悉。」

「他挺可愛的。沒問題，老闆，我會。」佛雷德回答道。

「來！別客氣，當自己家。我們先到我房間吃點東西、抽個菸。」他語氣輕快地對我說。

這個佛雷德以前是個步兵，哲理歲先生在明白了這個小夥子的「潛力」之後，便花了一筆錢還他自由之身；現在，他在俱樂部裡的「表現」甚受會員的好評。

他邀我到他房裡坐坐；吃完東西後，我們啜飲著白蘭地，抽起菸來。

他伸手在我大腿游移，最後在他最感興趣的部位停下。「在部隊裡，大家都會做，想也知道這在部隊裡很稀鬆平常。我在部隊的操場被操，也在部隊的床上被『操』。而且還挺喜歡的。傑克，你也喜歡騎在人背上的滋味嗎？今天晚上聚會前我們得先忍住，不過之後啊，我老實跟你說，我好想幹你，也想被你操。你說這樣好不好呢，小可愛？」

我對他保證，之後，只要他興頭一來，我很樂意隨時隨地跟他來一砲，演他老公或老婆都可以，隨便他。

他接著說：「我剛才要說，部隊裡男人間的雞姦有多常見。我記得我的第一次是部隊裡的一個老少校領我入門的，他那時把我灌醉了，隔天早上醒來時，我發現自己睡在他床上。那時我很需要錢，所以之後也做過幾回。原本我在利物浦某個律師事務所當助理，協助處理一些辦公室的雜務，因為偷了一張一百鎊的支票，就逃到倫敦來。短短一星期我就把錢花光光，在沒錢的情況下，我便報名從軍。那時我認為一穿上軍服，別人就認不出我，這樣挺安全的。

咦？我剛剛說到那個老少校，因為我當時很缺錢，只要兩三鎊就可以讓我乖乖聽話，所以我又讓他插我，我知道在我先前喝醉酒的時候，他一定也偷試過。做了之後，我才明白原來是這麼回事啊！我還挺喜歡的。老天爺，我還記得那個老傢伙那時在我屁眼又舔又捅的，最後搞得我全身都快被榨乾了才放手。

沒多久我就被幹習慣了，而且我也得伺候他，顯然他也很享受這個最私密隱晦的慾望。在操他的時候我還要邊說『你真是個壞阿兵哥，竟然在戰場上作出這種淫蕩的勾當，一定要好好處罰你才行！』之類的話來讓他爽。他噢，接著就會趴在地上又哭又叫；我會命令他舔我的靴子，一定要舔到閃閃發亮才能停，我會對他又罵又打、命令他在我面前跪下，叫他脫掉褲子，用馬鞭狠狠地抽他屁股，留下幾道又辣又燙的鞭痕，不准他叫出聲音。

有一次，我還騎在他背上，要他趴著繞房間爬，就像旋轉木馬一樣。我那時有點喝醉了，玩得很爽，還從他背後扯他的頭髮，要他像馬一樣嘶吼，踢他肚子，要他跑快一點。這種玩法似乎也讓他很開心，因此，他又多加了一鎊給我。

我跟很多女人睡過，不過說真的，感覺就是不對。她們根本不像這些俱樂部裡的紳士知道男人要什麼，也不懂好好對待我們——不過這些好紳士還是得付錢就是。你想想看，如果你昨天才剛享受過一個熟男紳士整夜對你的溫柔呵護，相較之下，今天要跟一個女人相處一個半小時會有多痛苦。

這種男男經驗啊，我部隊裡每個人都試過，我知道第一隊的人也是，還有其他步兵營的都試過。

如果有新兵進來，我們會教導他們這檔子事，不過也不必刻意，因為他們遲早都會遇上。你知道，有些人會因為行為不檢點被退學無處可去，也有些人是因為家裡兄弟姐妹太多，逃家出來闖一闖，所以我們俱樂部這裡啊，不愁沒有新人可以引介給那些紳士會員。這些會員給的錢可多了。

大家幾乎都是為了錢而下海，不過我們也樂在其中。我想，如果有會員不付錢的話，我們還是會做。

我們當中不少人都結婚了，但我們可不能讓這些紳士會員知道，他們不喜歡已婚男人。就我所知，全倫敦最尊貴的紳士可是對軍人幾近癡迷呢！我有幾封城裡最德高望重的紳士寫給我的信，其中有個貴族曾經帶我回家，我們就在他太太臥室隔壁辦事，他跪在我面前舔我雞巴的時候，我還得聽他太太在隔壁房朗讀、彈琴咧。完事之後，我問他，他太太是不是也會拿個瓶子照樣舔呢？想像著這樣的畫面，我們不禁爆笑出聲。

有一次，有個紳士帶了我們俱樂部裡五個人回家，我們六個人互吻、互摸、互幹，大玩大鍋炒，他時而加入，時而在旁觀戰，你能想像的招式我們全都用上了。那場面實在肉慾至極，有多肉慾？小親親，你今天晚上就會知道了。」他邊說邊撫弄著我被掏出褲外，早已硬挺挺的胯下之物。

「不過，先撐著，別聽了我剛剛說的故事就這麼興奮……」他接著又說。「這位先生是個牧師，而且也是我『往來』的好朋友之一。」

「順帶一提，喜歡我們的不是只有熟男而已，年輕人也會光顧。我自己就常跟一些十七、八歲的年輕男生做。在溫莎地區，就有一堆伊頓公校的好學生追著我們這些軍人跑。我認識兩個部隊裡的人，他們固定會跟這些人出去；其中一個只要讓這些好人家出身的年輕男生吹吹喇叭，一年就可賺進兩百鎊。

倫敦還有不少提供這類服務的地方，這些地方通常只收軍人，上流社會的紳士可以在這裡跟這些阿兵哥睡覺，有機會我會給你這種地方的名單，不過，其中最有名的一間已經關了。這家俱樂部隱身在麗晶公園（Regent

Park）附近那條阿巴尼街（Albany Street）旁的一間菸草店裡，經營者是一個叫楚門太太的老女人。那些紳士會員會把需求跟喜好告訴楚門太太，她就會開始張羅找人；但現在都沒了。我還知道倫敦另外六家俱樂部在哪裡，不過，我在哲理歲先生這兒賺得最多，所以其他地方我就少去了。」

佛雷德就這樣繞著這話題，滔滔不絕地講到近十點。我想，在我們穿戴衣帽準備起程前往聚會之前，他應該把想講的、該講的、能講的全都說完了。託他的福，我才知道原來在倫敦這個現代巴比倫城，古老的索多瑪之罪竟如此盛行。

哲理歲先生親自來開門，一進門就領我們到一處小小的衣帽間去放東西。在佛雷德的協助之下，我換上一套很有意思的衣服，他像個小女僕一樣，幫我墊出一對豐滿的假胸，也用夾子把我頭髮弄捲，裝上一對假辮子。

大工告成之後，他也把自己扮成少女模樣。在動身前往聚會處之前，我們看看鏡子裡扮妝後的自己，實在是既清秀婉約又俊美動人，看得我很想佔有佛雷德！我抱住他，火熱地吻上他的唇，同時手也伸進他內褲裡，探尋他底褲下的寶物，不負所望地，我摸到他早已硬挺的熱屌。有那麼一刻，他眼裡燃起熊熊慾火，回應我熱烈的吻，但不一會兒就轉身冷靜下來，說等下還有事要做，以後享受的機會多的是，現在先別這麼笨趕著出火。

他一定是聽到哲理歲先生的腳步聲了，因為他才一停手，哲理歲先生馬上現身。他對我們扮裝之後的模樣恭維了一番，說看起來就跟美麗的女孩沒有兩樣，也問我們還需要多久時間打扮。

「今晚，佛雷德，你就叫伊莎貝爾；紹爾先生，你就叫艾芙琳吧！」

哲理歲先生領我們進到炫麗的沙龍時，眾人紛紛起身相迎；我看看房裡，總共有十位紳士以及八位女士，正等著我們到臨。他對著眾賓客說：「各位先生，這兩位是伊莎貝爾以及艾芙琳小姐，我向各位保證，她們今晚的招待會讓您十分盡興。」

這間沙龍十分華麗，牆上處處貼滿鏡子，所有的窗戶都緊閉密封住，也掩上窗簾，房裡到處都有華麗精雕的躺椅，茶几上則擺滿助興用的烈酒。

兩位熟男走了過來，領我們前進；這時，有人坐到鋼琴前，彈起輕快舞曲，沒多久我們便跳起舞來。

兩位舞伴眼光一直落在我們身上，特別是我共舞的這位熟男，我只能笑著陪跳。跳了幾首曲子之後，他拿了杯酒給我，我發現這位熟男已經迷上我了。他不時地偷捏我屁股，過一會兒，他偷偷地伸手到我衣服底下，偷摸我的雞巴。他的撫觸無疑是火上加油，助燃了我壓抑已久的慾火，我很享受他的愛撫，顯然地，他也樂在其中。

約莫凌晨兩點時，房裡燈火突然熄滅，大家置身在全然的黑暗當中。

「親愛的，現在我要好好地佔有你了！」熟男在我耳邊輕聲地說。「現在，每個人都找到伴了，等下我操完你漂亮的屁股之後，我們就得分開，摸黑再去找下一個對象，這樣參與的人就不會有誰最搶手、誰無人光顧的問題。」

他讓我臉對著躺椅趴下，撩起我的裙子，在我後邊跪下，開始吻起我的屁眼，還伸舌進出，舔得我的穴口又濕又黏；而後他起身，在黑暗中我能感覺到他把熱熱的肉棒插進了我的屁眼。有點痛，不過他很快就全部插進去了，接著他猛力地操著我，邊操還邊伸手愛撫我全身，用最溫柔銷魂的手技套弄著我的雞巴。

我用力地擺動屁股，好迎接熟男雞巴在我體內每一次的撞擊，不過好景不「長」，我們兩個因為太興奮所以很快就射了。雖然我們幹得很盡興，不過這裡規定不能跟同一人再來一回，所以我們深深一吻之後便分開，再去尋覓下一位床伴。

到凌晨六點時，我前後共跟過六位紳士來過一回，此外也跟了一位扮裝的夥伴交手過。在嚴格的遊戲規則下，我們互吻互舔，實實在在地在各個屁眼裡鑽進鑽出。

之後我就常到俱樂部參加固定舉行的「夜間活動」，每個晚上可有五鎊收入。會上的樂子很多，烈酒也可喝個過癮，不過我規定自己一個星期只能爽兩晚，免得太早精盡人亡。也正因為我懂得自制，艾芙琳小姐在俱樂部裡很快成為了最炙手可熱的一號人物呢。

第七章 亞瑟伯爵、布魯斯先生與「仕女」蘿拉

一般人大概很難想像，在倫敦城裡，這些紳士熟男和年輕男人之間的「往來」究竟有多興盛。您還記得那椿波頓和帕克的醜聞以及之後的判決嗎？當時，我人就在那間哈賽爾飯店的舞會現場，飯店老闆絕對不知道我們的舞會實際上是在玩些什麼。

舞會廳裡有兩三間的休憩室，可供賓客休息、或是娛樂一下。波頓當天扮裝成一位耀眼迷人的仕女，我觀察到，亞瑟爵士對他可是深深著迷。

近晚時，我發現他們兩個悄悄離開會場，於是我偷偷地尾隨他倆，心中盤算著有沒有機會可以偷看他們打算玩什麼把戲。我看見他們沿著一條隱密通道躲進另一間房裡。那房間不是為了舞會賓客開放的房間，而是爵士特

意預約留下給自己私人專用的。

我緊緊跟著，所以連他們鑰匙插進鎖孔轉動的聲音也聽得清清楚楚。等他們進門之後，我停了一下，接著向前悄悄地轉動隔壁房的門把。運氣很好，這間房裡空無一人。我驚喜地發現，連結著這兩間房的一道共用門上，竟有一道微微的亮光從鎖孔裡透出，隔壁房關著的正是我等會兒要好好觀察的兩隻籠中鳥！

我放輕動作，在鎖孔前跪下，瞇眼在孔裡窺視。從鎖孔望去，隔壁房的一舉一動全看得仔仔細細。這景況讓我想到《芬妮希爾》（譯註：1748年英國出版的情色小說）裡邊提到的一個場景，同樣是描寫兩名年輕人在宿舍牆上洞裡偷窺的情境。隔壁房裡等會兒會發生的事情，從我這端可都能聽得清清楚楚，瞧個仔仔細細。

亞瑟爵士和波頓——或者該說，扮裝後的蘿拉——雙雙站在一面大鏡子前，爵士的雙手環在波頓的腰上，正緩慢但激情地吻著他的唇，波頓也沒閒著，因為我看到他正動手解開伯爵的褲頭釦子，一根碩大漂亮的肉棒就這麼隨之彈蹦而出。伯爵的大屌至少有九吋長，而且還很肥大，從那粗大、脹紅的龜頭可以看得出伯爵的性致有多高昂。

波頓二話不說，跪了下來，開始吻起伯爵的胯下珍寶。我猜他一定能把他舔到射。不過伯爵似乎有點沒耐性，他扶起波頓，伸手探入他的衣服底下。波頓扮成的蘿拉發出一聲刻意的嬌嗔，像在抗議伯爵的粗魯舉動嚇到他似的。接著，伯爵掀開波頓的裙子，將他推倒在床上。

眼前除了一雙包覆在上好質料的帶釦底褲裡的一雙美腿，腿上的粉色絲襪和腳上的女鞋之外，我什麼都看不到。伯爵迫不及待地扯開蘿拉的及膝底褲，撥開他雙腿，接著伸手探進褲內，掏出一根每個真女人都會愛不釋手的男根來。這可和男人掀開女人裙子會看到的肉縫大大不同！伯爵愛的，是扮成女人的真男人。我們大家都知道波頓喜歡扮成女孩子，對不少紳士熟男來說，這是讓他們大為傾倒的畫面——一般人都公認漂亮，會想邀她共舞、或對她出言挑逗的美女，事實上竟是男兒身！

「親愛的蘿拉，你胯下這漂亮的東西是什麼？你是雙性人嗎？我非親親它不可，這真是個好寶貝啊！它也會像男人的肉棒那樣噴精嗎？」伯爵來回輕柔地撫弄著波頓如象牙一般嫩白顏色的肉柱，還對著他潤紅如紅寶石的龜頭又親又吻，一邊從喃喃說著這些淫蕩的字眼。

您可以想像，眼前這景象如何撥撩得我慾火中燒。我真想摸到眼前這兩根漂亮的屌，好好套弄一番！當時，我自己的老二也早就翹得半天高，不過我忍住了，因為我確定等會兒回舞會上，一定還可以找到好對象來一砲。但我還是最想要好好地操波頓，他的妝扮實在太可愛了，看得我心癢難耐，只想佔有他，也想讓他上我。

緊接著，我看到扮裝的蘿拉被挑逗得興奮至極，全身扭動，因為伯爵正用手指戳弄著他的屁眼。伯爵看到他這麼興奮，又張嘴把他的屌含進嘴裡，用那種男人獨有的貪婪模樣盡情地吸吮起來。就在高潮來臨時的那一刻，我看到伯爵雙眼閃閃發亮！他必定是吞下了波頓所射出的每滴熱燙濃稠的精液，好做為自己辛苦伺候他的回報。

他一手戳弄波頓的屁眼，另一手緊握肉棒，忘情地舔舐著波頓紅脹的龜頭。一、兩分鐘後，他抹抹嘴，讓蘿拉轉身沿著床緣趴下，撩起他的裙子，撕開底褲，開始吻起他的屁股，伸舌戳弄那處小洞。不過伯爵沒耐心花太多時間在親吻上，一手抓起自己的屌，撥開兩片雪白臀肉，正對著屁眼就直直往前送。

雖然伯爵的屌大得嚇人，不過不費太多氣力就插進了波頓的屁眼裡。插入的瞬間，伯爵的表情扭曲，看來就像興奮得快射出似的。他維持這個姿勢，開始又抽又送。從他們的表情判斷，兩個人顯然都樂在其中。就在他們抽插的時候，那種腹部衝撞臀肉該有的拍擊聲，我可是聽得清清楚楚。他倆還不停地淫聲浪語、互訴情衷——

「噢！蘿拉，你真美。我的小親親，說你愛我！說你喜歡我操你的感覺！」另一個則說：「頂進來，用力操我，用你的大雞巴大力插我，用力！噢！快一點！快一點！來，我親愛的亞瑟，我的寶貝，用力，噢！噢！噢！」

看了這麼多精彩畫面之後，我將雙眼由鎖孔處移開，悄悄走出這間房，回到舞廳的人群中。

我看到帕克扮成的仕女正和一位從城裡來的紳士共舞，那位先生長得頗為俊俏，是個希臘商人。不過我的眼光沒有在他們身上停留太久，便坐到沙發上，觀察舞池中翩翩起舞的賓客們。

不一會兒，亞瑟爵士和波頓在我不注意時已經回到舞廳，挑了我身旁的位子坐下。哲理歲先生先前曾經介紹伯爵給我認識，所以我們彼此算是見過面的，因此，這時他便主動當中介，介紹起來。

「容我為兩位介紹彼此，這位是蘿拉小姐，這位則是艾芙琳小姐。不好意思，我得離席片刻，不過很快就會回來，失陪了，告退。」

波頓和我四目相交之時就顯然對我頗有好感，在一番禮貌性的談話之後，他遞上一張小卡片，在我耳邊悄悄說：「明天來我家，我想，我應該會喜歡你，不過，現在在這裡不方便，今晚我們得好好工作，滿足這些客人。」

我也這麼認為。沒多久，廳裡的燈火就全熄了，好戲準備登場。所有的賓客開始在一片漆黑中摸索；觸探、搜尋。有那麼一刻我在想，這廳裡應該有個真女人吧？我在黑暗中摸到不少人穿著裙子，不過每個人裙底下可都藏著一根貨真價實的肉屌，而且不少人的屌摸起來還黏呼呼的，顯然是還沾著剛完事還來不及擦乾的精液。

狂歡之後，曲終人散。就在哲理歲先生準備領我上車之際，波頓走了過來，希望哲理歲先生今晚能讓我陪他一塊回去。一番交涉後，我和波頓以及帕克三個人就一起走回他們位在伊頓廣場（Eaton Square）附近的住處。

我們剛踏進波頓住處，他馬上拿了他用來暖身助興的酒讓我嚐看看。

這烈酒喝起來挺可口的，很快就讓我從心窩熱到指尖，全身暖呼呼。接著，我們上床睡覺，直到隔天近午才醒來。我們還是一身女裝，吃著早餐。我想如果外人看到了，應該都會認為我們是三個快樂的女人吧。

波頓向我保證，我在這屋子裡絕對找不到一件男人穿的衣服，他的男裝全擺在另一地。

「我喜歡穿得像女孩子，也喜歡被認為是女孩子。前幾天，我跟一個在里奇蒙（Richmond）的俊俏裁縫師傅玩得可開心了。」他邊說邊掐下一小片巧克力送進嘴裡。

「我那時住在史塔嘉特大旅館（Star & Garter Hotel），心中惦念著一件不久前看到的禮服。也許應該這麼說，我和那個裁縫師是在服飾店裡認識的，他就是店老闆。我在店外看見他，便走進店裡，訂下幾件衣服，請他兩天後帶著衣服到旅館找我，跟門房說是茱瑞小姐託他帶衣服來試裝。

他長得好俊，將近有六呎高，不過身材修長，骨肉勻稱，留著一頭暗棕色長髮，襯著深藍色的雙眼和白皙動人的好皮膚。我很喜歡他嘴上襯映著潔白貝齒的一抹淺笑，滿心期待這雙美麗的唇要是含住我的屌會是何種畫面。而且，他臉上淡淡的雀斑，更讓我心癢難耐。

於是呢，布魯斯先生——這是他的名字——，就在約定那天近午時分到訪，那時我正在吃早餐，便慫恿他跟我一起喝杯巧克力。如我所願地，他並沒發現我偷偷在遞給他的飲料裡加了點助興催情用的酒。

我看他不急著走，便邀他坐下，開始談談天，聊些關於時尚、飾品之類的話題；這話題我可是瞭若指掌，就跟其他英國女人沒兩樣。

當我察覺催情酒開始發作，他的眼神變得有點迷濛之後，便請他到臥室開始幫我試裝。

他馬上起身取來那件晨袍讓我試穿，在我換衣服的同時，他轉頭過去。不過我立刻喊道：『噢！親愛的布魯斯先生，我覺得有點頭暈，請您稍等，我得歇一會兒。可否麻煩您幫我拿擱在那兒的一瓶酒呢？』我指了指擺在桌上那一小瓶酒，『我常會這樣，不礙事，等一下就好了。謝謝！您也喝一點吧，這酒有益健康，而且喝起來甜甜的。』他便也喝了一點，看起來似乎挺喜歡這滋味的。

我說：『親愛的，坐過來吧，我們不必急著試穿這些漂亮的衣服。』他在我身邊坐下，我便熱烈地吻上他的唇。『您長得真俊，請原諒我的失禮。我很喜歡接受可愛可親的人獻吻，不過，不是女孩子噢。請您吻我吧！』我邊說邊將臉湊向前，深深地望進他深藍色的雙眸。

他環抱住我的頸子，害羞得連耳根子都紅了，接著語調細膩溫柔地對我說：『我怎麼抗拒得了呢?您真可愛！』

於是我們的唇就這麼黏在一塊兒，吻了許久。從動作中，我感覺到他的慾火開始被我撥撩起來了。我問他：『親愛的，我的吻是不是讓您很興奮呢？』就在他意亂情迷的當下，我動手解開他的褲子，微顫的手指探進他的密林中。他頗為享受箇中滋味，毫不反抗。

接著我說：『親愛的，我一定要親吻您那兒，看在老天爺份上，請讓我親親您那兒吧！我好愛您！』我在他面前跪下，探頭埋進他的胯間，稍稍撥開他雙腿，伸舌舔弄他的肉棒。他顯然招架不住，剛喝下的催情烈酒讓他熱血沸騰、無法判斷自己想要甚麼。而且在他眼中，我是個女孩子，不是男人。『玩一玩，也不會有什麼嚴重的後果吧』——這是他事後告訴我的。

在我的舌頭伺候之下，他往後躺進沙發，讓我為所欲為。他扭著身子，大聲喘息。我聽到他嘟噥說著：『親愛的，噢，親愛的。好美妙的感覺啊！』接著一道道黏稠的熱液從他體內噴流而出，我一一把它們飲盡，沒過多久，在我再次施展的舌功撫慰下，他又再度源源不絕地『湧泉以報』。

歇息一會兒之後，我起身坐在他身邊。他吻著我，性致高昂地問道：『親愛的，那我可否也吻您那兒，讓您也體會剛剛您帶給我的那種如登極樂般的美妙享受？』

當他熱吻著我，這麼提議的時候，我裝得猶如驚弓之鳥似地害怕。之後，更紅著臉，支支吾吾地對他說，我是造物主失手之下創造出的人，他也許曾聽說過，就是那種雖是女兒身卻擁有男人那話兒的可憐人，而且那話兒還跟一般男人一樣，一興奮就會硬挺挺地。

『不過，親愛的，您別擔心，我這東西不會傷人，也不會作怪。但在我說了這祕密之後，您一定嚇壞了，就算我以死相求，您也一定不願垂憐我、賜福地吻我了……』

這番告白似乎讓他更加亢奮。他說他常聽到關於陰陽人可以跟男人共享魚水之歡，也可以跟女人相互燕好的說法。『不過，親愛的，我以前從沒像現在這麼好奇，迫不及待地想看看你的寶貝，好好地摸摸它。說實話，我一直想知道跟男人來一次的感覺是什麼；如果您想要的話，應該也是沒問題的。親愛的，那您想要嗎？』

他話才說完，手就朝我胯下那使他極其渴望的那話兒摸過來，而且開始又親又吻。這男人壓根兒都沒想到我可能是個百分之百的真男人！

『噢！茱瑞小姐，佔有我吧！我好渴望你好好地上我。我渾身發熱，已經意亂情迷了，方才看了你的寶貝，讓我禁不住好想要啊！如果你不答應我的要求，我以後絕不再讓你碰我的後庭了。』

布魯斯先生張口含下我整根屌，如狼似虎地舔吮著我的寶貝，激情的程度讓我覺得若不趕快答應他的要求，自己應該很快就會在他口中狂洩而出。於是我翻身而起，讓他大腿敞開地仰躺在沙發上。

他馬上依著我的指示動作，向上撩起我的裙子，彼此的肚腹緊緊抵著。他伸手握住我的寶貝，領著往自己的屁眼移去。

我的老天，他顯然還是處子之身，穴口緊得很。我抱住他，用力頂入，力道之強讓他疼得喊出聲來，而且反射性地試著想把我推開。幾番抽送之後，陣陣中燒的慾火讓他伸直了身子、翹起屁股。我很快達到高潮，在他緊緊的穴裡射出一道道熱燙精液，讓他如登極樂地陶醉其中。方才我衝刺得太過用力，讓他防備嚴密的洞口流了點血，不過他倒是沒哼出聲，只是深深喘著氣，躺在我身下似乎快昏厥過去似地。

高潮之後我沒有馬上抽出來，而是放輕身子躺在他身上，讓屌停在他緊緻的穴裡繼續享受這舒服的感覺。他屁眼內的肌肉輕柔地包覆著我的男根，用一種我從未體驗過的律動感，一陣陣縮放、縮放地動著。約莫過了五分鐘後，他睜開眼，微微笑著，輕聲說道：『噢！親愛的。這是夢嗎？我夢到自己全身化為小小碎片，靈魂飄上了九重天際，猶如身處極樂，原來愛之狂喜這麼甜美啊。現在，我醒了，睜開眼看見了你，原來是你，是你那個寶貝帶給我如此的狂喜，竄流我全身。不過，親愛的茉瑞小姐，你不是男人，對吧？剛剛那樣不會有問題，對吧？告訴我！親愛的，說我很幸運，不然，我一定會尖叫逃走！』

他實在太俊俏了，臉上因為興奮還泛著紅潤的光澤，我不忍告訴他實情。我吻上他的唇，輕聲說道：『親愛的，我不是男人，不會有問題的。』

他笑著嘛起了屁股，鼓勵我再來一次地說：『那請讓我再見識你最拿手的工夫吧！』

老天！再訪他後庭的結果就是讓我前後共射了四次。你可能會認為，我玩得這麼兇，應該會精盡人亡吧？不！相反地，我反而越玩興頭越高，雞巴也脹得一次比一次來得大。因此，我們就繼續做下去，直到我無精可出，他氣喘吁吁地求饒才停火，到最後，我已經說不出到底讓他高潮幾回了。

你們應該不會太驚訝，畢竟衣服可不是一次試穿就能合身的嘍。所以之後布魯斯先生又來了好幾回，每次我們都會嘗些新招式，直到最後我只得從里奇蒙落荒而逃，免得氣血耗盡，不成人形。」

第八章 與蘿拉、瑟琳娜共進早餐

我問他：「那之後你還有不少類似的經歷嗎？」

「當然！我有一籮筐類似的故事可以告訴你。不過，艾芙琳，瑟琳娜和我現在想跟你玩個小遊戲，就我們三個人噢。我們因為真的喜歡你才邀你三人行，跟在俱樂部裡服務客人的那種愛情交易可不一樣。我很喜歡你，瑟琳娜不會吃醋，而且他也會加入遊戲讓我開心。對不對，親愛的？」

他從餐桌上起身，走向鋼琴，打開琴蓋，開始在琴鍵上彈奏起來。接著，他邀我朝他走去，給了我滿是愛慾的深深一吻。

「我親愛的艾芙琳，相信你的屌已經硬了，」他邊說邊出手伸進我衣褲裡，親手證實他猜對了。

「現在，我要為你彈奏一首美妙的曲子，而且我要你跟我合體。在我彈琴的同時，我要你操我。」他這麼要求。

他讓我坐上琴椅，撩起我的衣服，自己也掀起衣服湊近，屁眼對著我的寶貝，輕輕慢慢地坐下。我直挺挺的大屌沒入他的屁眼內，雙手沿著他的臀往前握住他漂亮的雞巴開始套弄，接著，他邊彈邊唱起〈班波特，你可記得艾莉絲？〉這首出自《珍珠》雜誌的諧仿之作，曲子還是他自己譜的。

這玩法在我身上產生奇妙的作用，不一會兒就射了，我感覺幾乎在我高潮的同時，他也噴射而出，熱燙精液沾滿我雙手。

「親愛的艾芙琳，感覺不錯吧？你喜歡我嗎？」他問我，臉湊近，給了我濕熱的一吻。

我們維持著同姿勢，他又多彈了幾首曲子，直到我們又射了一次。接著，我們轉換陣地到臥室去。他搖了搖鈴，喚人來收拾餐桌。

在傭人離開之後，我們馬上鎖上房門。

蘿拉問我有沒有嚐過被教鞭調教過的滋味。

我回說：「噢！有啊。如果力道對的話，會很舒服。」

「因為瑟琳娜還沒吃到你，而且我想，剛才玩過之後，短時間之內你也沒辦法再伺候他，所以呢，親愛的，我們打算把你綁上床躺著，看看你的大肉棒多快可以恢復生氣。你知道自己是個壞孩子，剛剛我坐上你的屌時又對我這麼粗魯，所以，我要好好懲罰你！」

他們兩個比我壯得多，因此我想反抗似乎也沒用；沒多久，我雙手就被他們縛在床頭柱上，接著，他們掀起我的裙子，扯下我的襯褲褪到膝蓋下。

「哈！你這個淫蕩的小騷貨，我們可逮到你了。」蘿拉大聲地說。「讓我找找看有沒有鞭子，再來教訓教訓這個頑皮的壞屁股。」

我怕這麼個玩法會把我給弄傷，嚇得直起雞皮疙瘩，雞巴也縮成一團。

「瑟琳娜，你瞧瞧，這皺巴巴的小東西。你看過這麼沒用的小傢伙嗎？讓開！看我怎麼叫這玩意兒起床！」

蘿拉抓起一根細長的教鞭，前端連接著三四條細細長長的皮繩，接合的地方還做工精細地以紅色緞帶綑繞住。「啪！」我聽到皮繩在空中抽動發出的響聲，接著重重落在我身上。如果我沒被綁住的話，這種切膚之痛，一定會讓我大叫出聲，逃之夭夭。

「啊！我的天，不要這麼用力，你快把我打出血了。」儘管痛得很，我還是說得很克制。

「剛剛只是牛刀小試而已。不過，你也許比較喜歡我打這邊？啪！還是這裡？啪！也許是這裡，啪！」

三次抽擊連續落在我身上各處，痛得我快昏厥過去。現在大喊也沒有用，所以我緊咬雙唇，努力吞下就快脫口而出的痛苦叫聲。真正嚇人的不是鞭子抽打在身上的力道，而是隨之而來的劇痛感。方才那幾抽已經讓我屁股紅腫，不過卻也帶來無上的興奮，我原本垂軟的屌也隨著皮鞭陣陣抽打又開始充血，脹得異常碩大。

「住手，蘿拉，不要打這麼凶，住手了！」瑟琳娜大喊。「你已經把他打得慾火高漲，現在輪到我樂一樂。剛剛看你調教他，已經讓我迫不及待了，趕緊讓我把他的雞巴插進屁眼裡吧！等會兒這大屌在我體內時，你繼續調教，這樣它才不會鬆懈下來。」

他邊說邊解開我原先被捆縛住的雙手，順勢坐了上來。一下子的工夫，我就已經插進瑟琳娜體內了，同時，蘿拉的屌也插在我屁眼裡。

我永遠忘不了這次三人行大家噴發而出的精液量有多少。很顯然的，當時我們每個人都慾火高漲到頂點，接連大戰了數次，射了一回又一回，直到筋疲力竭，屌從濕黏的屁眼裡抽離，方才鳴金收兵。

大戰一天一夜之後也夠了，我們想想是該停手了。於是在一番甜蜜告別之後，我承諾會常來拜訪他們，隨即乘著馬車回到我的住所。回家之後我足足休養了兩天，以便「養精蓄銳」，讓我的大屌和後庭再度登場。

第九章　荷聶先生和他的新男僕

在我結識波頓、帕克沒多久之後，我又有一次在倫敦的有趣奇遇。有位律師，應該說是皇室法庭長之類的，差人送了字條給我，字條裡說，哲歲先生曾經向他提過我，說我必能提供他所想要的「特定」服務。他要我隔天下午四點半到他的辦公室找他。

我當然依約前往。有人領我進到這位荷聶先生的私人房裡，當時房內還有一位鬍子刮得乾乾淨淨、年紀大約二十五歲的年輕男子陪著他。

荷聶先生說這兒沒事了，便遣退了陪我來的僕侍，隨即鎖上房門，朝我走近，接著說：「紹爾先生，感謝你這麼快就應允到訪。今天邀您來，不是我自己要享受您的服務，而是要請您好好地『教訓』這位先生。」

「這男人瘋了！快放我出去！」這年輕男子嚇得睜大了眼，叫著朝門衝過去。

荷聶先生大喊：「抓住他！別傻了，你來這裡不就是要被操嗎？快回答我的問題，用法庭問話那樣回答是或不是。快告訴紹爾先生真相為何！」

這位瘦高俊俏的年輕男子驚恐地掩嘴，低聲啜泣。

大律師說：「這些來應徵的實在都不了解我，難怪我一直在找人。我告訴你事實是什麼——我想找個親切的男僕，個性單純，願意接納我的本性，而這位威爾森先生就循著我刊登的徵人廣告來了。我們就工作內容談了好一會兒，最後我直接了當地告訴他，他的工作還包含要被人操，而且在我開庭期間的每個下午都要到我辦公室來，就算我沒碰他，他也可以有五十鎊的酬金，倘若他答應接下這份工作，而且讓我開心的話，一年可以有兩百鎊的薪資。我讓您過來，就是要您上他。我不想自己上場，因為我需要特定的刺激才會有反應、到達高潮。所以，威爾森先生，你也看到了，眼前這位可是俊俏的小夥子，長得比我好看多了，要是我沒有馬上看到他怎麼操你的話，我可是會非常生氣的。來，我們先喝杯香檳，接著開始幹活兒！」

我們喝下香檳，接著他打開一扇門，可以通往隔壁擺了床的房間。他使了使眼色，我跟上，開始為這位顯然嚇壞了的年輕人寬衣。

「先生，求求你，別這樣。我改變心意，不要這份工作了。」這可憐的男人哭著說。

「你給我冷靜點！放輕鬆！」我大吼，開始動手用力解開他襯衫扣子。「我叫傑克，現在就我們兩個來，我對這檔子事很拿手的。荷聶先生說得沒錯，我的確比他好很多。忍一下，痛苦很快就會過去，我跟你保證，接著你會享受到無上極樂。」

當荷聶先生從威爾森的褲子裡掏出他的老二時，他大聲地淫笑著說：「哈！又大又粗，跟我猜的一樣，而且還有這麼濃密的金色陰毛，這我可愛死了！」

「啊！天啊！」荷聶先生伸出肥厚的舌頭朝手中快速脹大的屌上一舔，威爾森瞬間喊了出來。

過去夜裡我對傑瑞表哥極盡羞辱的性幻想突然在腦裡重現。「瞧，你這下面是怎麼回事啊？威爾森先生，我認為，你下面的雞巴就快脹得跟你羞愧的臉一樣紅了耶。你不是覺得很羞恥、很丟臉嗎？」

「太丟臉了，你們快住手。」他結結巴巴地回答。

「你看這畫面，一個像我這麼年輕、身材又好的男人在伺候你，你腳邊也有個老先生正舔著你的卵蛋，如果還不滿意的話，怎麼不現在就逃出門外呢？」

「傑克，我認為他滿不滿意都不重要，雞巴脹成這樣，就已經是最好的答案了。」荷聶先生說。

「這就對了。你瞧，現在這可愛的小男妓哭得可正傷心。荷聶先生，你說，我是不是該把我的大雞巴插進他的甜美的小屁眼裡，好好戳戳他這鮮嫩的花苞啊？」

「嗯……我不知道，我好像改變心意了，這年頭，少男的青春肉體最稀罕了，也許該由我來先嚐嚐這個青春肉體的滋味。」正在興頭上的荷聶先生喃喃自語。

「荷聶先生，俗話說，君子一言既出，駟馬難追。您叫我過來，不就是要我狠操這小賤貨嗎，您至少該讓我先上場吧。而且您想想，您還可以先在一旁觀賞我怎麼用大屌伺候這可憐小傢伙的美妙畫面。」我生氣地說。

「也對。不過我堅持他今天的第一射一定要留給我享用。我想他應該就快出來了。」

威爾森先生看起來如此無助，我褪下他全身衣物後，也脫去了自己的衣褲。荷聶先生現在正興奮地撥玩著威爾森的卵蛋，吸吮著他的肉棒，威爾森幾乎快羞愧而死，但卻也同時被挑起了慾火，無法自持。

「噢！噢！噢！出來了——」一波波的精液從威爾森的肉棒裡噴出，飛濺到地上，又像蛋糕上的糖霜粉，噴黏在荷聶先生嘴邊的鬍子上。

「現在，開始吧！」他大聲地宣布：「不必對這個騷貨手下留情，你看，他噴得我滿手都是呢。」

威爾森因為氣力已盡，無法反抗我的進攻。他身材削瘦，且因為緊張而有點僵硬，要插進去有點麻煩。不過在他的求情哭喊聲中，我加快衝刺速度，搞得他全身發燙。荷聶先生在我們交合之際伸出他碩大的手掌，拍打著我的屁股，因興奮滿足而大聲地又叫又笑。

這實在讓我慾火中燒，您一定相信我不會輕易放過這位可憐的犧牲者，特別是他已經這麼亢奮，被我壓著還自動地上下扭動，迎合我的抽送。當高潮到臨之際，他緊抱住我，張口咬著我肩頭，幾近失神。

荷聶先生現在也加入戰局，他的手指插進我的屁眼，不一會兒，我就感覺到他的屌已經取代了手指，插進我體內。

我發覺自己置身在一種奇特、舒服的狀態中，夾在威爾森和荷聶先生中間的感覺之美妙，遠勝千言萬語所能形容。我們都不想讓這樣爽入骨髓的交合結束，我也肯定被荷聶先生操了有半個鐘頭之久，在這時間裡我的肉屌可也沒閒著，間歇地頂衝著威爾森，領著他越發地淫浪起來。

他甚至忘我地發出陣陣淫聲浪語，精液狂噴。「噢！好美妙啊！讓我再來一次吧！頂進來，親愛的，頂進來！這是天堂嗎？噢！」而在我背後的大律師也因為狂喜而忘我地大叫出聲。

那回，我因為表現傑出，得到一筆豐厚的酬金，威爾森先生也受雇成為大律師的隨身男僕。之後我們三個又常在荷聶先生位於坎辛頓宮皇家花園附近的辦公室「複習」了好些次。

第十章　伯爵的盛大派對

不過，另一次的遭遇可把我給整慘了。我記得那是一場為了祝賀威爾斯王子所辦的花園派對，我不能說這派對是在哪兒辦的，只能透露是在泰晤士河畔的某個官邸花園裡，離里奇蒙不到百里之距。

帶我參加的人是亞瑟伯爵，我扮成海軍軍人。他向王子介紹我，稱我為某某先生，確切的名字我也記不得了。走了一會兒，我們碰到一位老紳士，伯爵向他介紹，說我也是哲理歲先生俱樂部的成員之一。

這位爵士似乎非常熱切地想認識我，伯爵耳語道：「艾芙琳，那是H伯爵，他很喜歡你這型的。我介紹你們認識，然後讓你們獨處一下。他希望他的年輕朋友不會太過保守、害羞。」

他頓了一下，接著帶我在花園內的樹蔭下走了一小段路。我們走到遠處一棵隱在大石塊後的樹下，那兒有張椅凳，椅子前邊還有座小噴泉呢。

「這就是我們倆的地方了！來，親愛的，我們坐坐，這樣我可以好好認識你。」伯爵這麼說。他深情地看著我的臉，好像我是個可愛的女孩子。被他這麼一看，我臉都紅了，胯下之物也開始脹起來。伯爵接著便抱住我，在我嘴上用力一吻。

雖然我比較喜歡年輕俊俏的男孩子，但伯爵的凝視卻很快喚醒我心中的柔情。他伸手進到我的褲子內，我的屌也在他的溫柔愛撫之下，很快就變得又硬又挺。

他在我面前跪下，開口含住我的屌，性致高昂地舔吮著，同時手也愛撫著我的屁股。感覺如何？舒服得很！沒多久，我射了出來，他心滿意足地舔噬著我噴洩而出的熱燙精液，直到一滴不留、乾乾淨淨。

接著，他褪下自己的褲子，性致勃勃地要我上他，我知道他正在興頭上，因為他的老屌正翹得高高地。我在伯爵體內又射了一次之後，他讓我替他打手槍，做為最後的句點。

我們之後回到派對上，有位賓客表明也想認識我。簡短交談之後，他向我保證，如果我可以跟他到柏林和維也納去的話，他可以把我引薦給當地的上流社會。

不過，我不知道離開英格蘭有什麼好的，於是便禮貌地婉拒了他的提議；但我也說，如果他所認識的那些上流人士有機會到倫敦來的話，我會很樂意跟他們「認識認識」。

傍晚，我們啟程回倫敦跟波頓和帕克見面，他們正在亞瑟伯爵家裡等著。他們建議今晚我們應該陪他們去參加一場在某個年輕伯爵家裡舉行的狂歡派對。這位貴族新收了兩個隨從，據說分別來自法國和義大利。今晚，兩位新隨從在這個神祕圈子裡的首度登場，將會是活動的最高潮。

亞瑟伯爵當晚因為有約在身，無法一塊兒參加，所以我得獨自跟這兩位可人兒出席這場派對。我們踏出門口時，門外已經有輛馬車等著載我們到葛斯芬諾廣場 (Grosvenor Square)。

馬車抵達後，一位神態穩重的老僕人領我們到樓上的衣帽間去。這衣帽間裡邊藏著這位派對主人的私人密室，偌大的空間裡格出六、七個房間。這地方離主宅邸有段距離，除了伯爵信任的賓客及侍從之外，沒人可以踏入此地。

就在今晚舉辦活動的同時，伯爵夫人正在城外，鄰近史卡波洛

（Scarborough）附近，與一位侯爵幽會。她的丈夫，也就是我們這位伯爵先生毫不在意，因為他自己也有辦法找樂子。

「伯爵將在一個半小時後，在球室恭候您的光臨。衣帽行李已經幫您擺在這兒，您可以在這兒換裝，休息一個鐘頭。」老僕人離開前提醒道。

「親愛的艾芙琳，那我們就別浪費時間了。看看我為你準備了哪些漂亮衣服！」波頓說。雖然我們邊嘻笑邊打鬧，還是很快就扮好裝，準備晉見伯爵。當我們一踏進球室，就見到伯爵身邊伴隨著三位年輕男子，年紀約莫都在二十四歲上下。

「各位親愛的，大家好嗎？蘿拉、瑟琳娜，妳們看起來真是漂亮。這位一定是我們迷人的艾芙琳了，我在哲理歲先生的俱樂部裡可是久聞您的芳名。為您介紹一下，這幾位是我最好的朋友，我都叫他們『接一起先生（Mr.

Wirein）』、『冷霜先生（Mr. Cold Cream）』、『再一砲先生（Mr. Come-again）』，如果您費點心的話，都能在貴族譜系裡找到他們的真名及自何處出身。現在，別害羞，今晚眾所期待的主角即將現身，容我為各位介紹我的三位小僕侍！」

在伯爵宣布的同時，一道看似書架的門突然打開，門後正站著三個我所見過最俊美的年輕男孩，他們每個人都脫得赤精大條，手上不約而同地握著自己直翹硬挺的大屌。

三人之中，年紀較長的是一個來自法國、約二十一歲左右的俊美男孩，次之的則是欖棕膚色的帥氣義大利男孩，看起來應該十九歲上下，年紀最小的則是個十八歲、個兒不高的黑人男孩。這個黑人男孩的屌之大，任何有幸能擁有的男人，都絕對會相當自傲。

從球室可以通往另一間房間，那兒應是作為吸菸室之用，擺滿了奢華精細、舒適誘人的躺椅和沙發。每扇窗子都搭配有厚實的窗簾，窗子和窗子間則由地板到天花，全都貼上了鏡子。

伯爵領我坐上沙發，蘿拉和瑟琳娜則陪三位年輕貴族坐下。三位僕侍送上酒，擺在我們面前的桌上，隨即在伯爵的指示下，繞著房間做青蛙跳。

這個畫面既賞心悅目又「性」味盎然——三個年輕的俊美男孩全身赤裸，一個倚著一個地跳著，每個人的屌都直挺挺的，硬得像石頭雕出來似的。眼前這些年輕胴體不斷跳動的精采畫面，全教我們看得深深著迷、沉醉無比。

遊戲進行到一半時，伊莎貝爾小姐恰好到訪；我一眼就認出她是弗雷德扮成的，他扮成女裝還是那麼地美！

現在，除了三位隨從之外，應該算有四位女士和四位先生了。伯爵把「接一起先生」拉到我身邊，自己則去蘿拉那兒，雙雙坐在房後鋼琴旁的位子，開始彈起所謂的〈打屁股波卡舞曲〉。

「各位女士，叫這些男孩跪下，好好地打吧。」冷霜先生大聲說道。我一把抓來那位可愛的小黑人，讓他跪在我面前，開始動手。接一起先生伸手撩起我的衣服，把自己硬直的屌往我的大腿縫挺進，另一隻手則穿過我的襯衣，由背後伸向前，揪住我的屌，開始溫柔地套弄起來。我自己則伸手繞到後邊，輕捧他的屁股，讓他隨著節奏抽動，沒多久，他的屌就開始像條小鰻魚，在我大腿縫間滑溜鑽動起來。

其他組也如是動作。伊莎貝爾跟「法國小公雞」里昂一組，瑟琳娜則是跟「義大利小橄欖」米諾第一組，瑟琳娜技巧高超，伸手扶撐住這個滿面紅光義大利男孩的屁股，快速、有節奏地拍打這可愛渾圓的翹臀。

每位玩伴都在我們身邊鼓譟，大叫：「太美妙了！用力，看這樣打會不會讓他們爽到射？你看他們的雞巴脹得多大多漂亮！」

的確是！就在心中盤算著這些小隨從應該就快要射出他們的精華之際，我們背後的玩伴將屌從我們的大腿間抽離，朝我們的屁眼抹上一些冷霜，以手指輕柔地摩挲。

接一起先生有根漂亮的大屌，插進我的體內尺寸剛好；而我從伊莎貝爾和瑟琳娜臉上的神情判斷，他們玩伴的大傢伙也正以同樣的招式伺候他倆。

小黑人被我打得眼中泛淚，不過，我色慾當頭，瘋狂地想一嚐他那根傲人肉棒的滋味，渾然不覺自己正打著他的漂亮黑屁股。

他被我打得雞巴硬挺無比，近七吋長的大屌在我眼前晃動著，終於，我將他深紫色的碩大龜頭送入口中。

您見過黑人的屌昂然挺立的模樣嗎？龜頭是他們全身最黑的部位，如果褪下包皮，這部位看起來就有點像顆大梅子。我沫濕左手中指，伸手到他的後庭，探尋他誘人的小洞，右手則在我舔吮他肉棒的同時，或揪住他的黑屌，或把玩他的睪丸。我的玩伴跟我一樣也沒閒著，他的雞巴插在我屁眼裡抽動著，我隨著他的抽送節奏前後擺動，他的手也忙著套弄我的熱屌。

「親愛的艾芙琳，我快射了！啊，出來了，出來了！有感覺到我射在你屁眼裡熱滾滾的精華嗎？」

幾乎同時，我也射了，噴流而出的精液黏濕了他的手，就這樣，他讓我前屌後孔共享高潮。我的慾火可沒因高潮已過而熄滅，因為小黑人在他人生首次的性高潮中，朝我嘴裡射進了濃濃精華。我張口圈吮他的龜頭，吸光每一滴他在我口中噴流而出的處子之精。

如今，當我回想這段過往，胯下之物還是會馬上情不自禁地槓起來。對我而言，這次激情的狂歡經驗可說是空前絕後。

其他人也玩得十分盡興。伯爵自己是先坐在琴椅上，再讓蘿拉坐上他的肉棍。接著，瑟琳娜取代蘿拉的位子，開始為大家彈奏音樂。我們赤精大條的十個人便開始手牽手，分成五對。伯爵與接一起先生一組，我和法國小公雞里昂一對，蘿拉選擇了小黑人……大家開始圍成圈，在樂聲中跳起舞來。第一組要抬起手做成一個拱門，大家由這拱門底下依序穿過，接著再舉起另一道拱門，我們就這樣在房間裡跳了起來，邊跳邊玩弄彼此的屌，好讓「它們」再度生龍活虎地硬起來。

大家玩累了，就跟所選的玩伴一起到沙發坐坐，吃點甜食餅乾，喝些酒，休息一下，然後繼續用所能想像的方式享受彼此的肉體。

當眾人起身準備再來一回之際，我的目光恰好落在三個新進隨從中那位義大利小夥子的身上。他正歇著，伸手朝碟子裡拿了幾片餅乾，準備補充體力。在我半醉半醒的目光之下，他就像一頭餓得發昏的猛獸，正大口大口地吃著獵物，這畫面倒也挑起我身子裡的慾火。

那時候我心裡想著，女人若是被這種渾身精力充沛、性慾旺盛的男人給征服是何種滋味？我看著他邊吃邊嚼，一些餅乾屑從他濕潤豐厚的唇間落下，隨後他又大口地喝了一杯酒。雖然他不是我愛的那型，不過我倒是很想跟他來一回。

我移了移身子，朝他坐過去。「親愛的，讓我餵你吃餅乾吧，你就舒舒服服地躺著，只管休息就好。」

他沒說話，對我笑了笑，就依著我指示躺下，光著的厚實胸膛和身軀就橫躺在我眼前，我盡情地欣賞眼前這副飽滿結實的男體，動手抓起小麵包餵他吃。

「親愛的，我還不知道怎麼稱呼你呢！」我再抓起一片麵包送進他嘴裡，指間感受到他濕熱雙唇對我指尖的愛撫。

他又吃了一片麵包，說道：「我叫安東尼。我知道你叫艾芙琳，對吧？」

「沒錯。不過，我不能再餵你吃東西了，不然跟城裡街頭的年輕小夥子一比，你會胖得不像話。」我伸手故意在他的肚臍上摸個兩下，挑逗他。

「我才不想像街上那些男生咧。我是義大利的鄉下孩子，總有一天要找一個像你這麼漂亮，又懂得『想征服男人的褲襠，得先顧好他的胃』的道理的姑娘，回家當老婆。」他深色雙眸如刺般直直望進我略帶醉意的雙眼裡。

話才說完，他就捧起我的臉，對著我的唇結結實實又吻又舔了好一陣子。我環住他的腰，朝他身上跨騎上去。

我跨開雙腿，坐上他的結實的腰間，饑渴的屁眼上上下下動了好一會兒，便騎上他那根直挺新鮮的義大利香腸。我往他嘴裡又多塞了幾片麵包和餅乾，接著再灌了一些葡萄酒。沒多久，我就讓他射了，他在射精的當下，雖然嘴巴塞滿了食物，還是既興奮又粗野地狂吼大叫。

接著，我把自己的大屌塞進他嘴裡。在我迷濛的眼裡，我覺得自己的雞巴就像一根又長又粗的餅乾棍，這個火辣又狂野的義大利男孩正一吋一吋地把它塞進嘴裡。不一會兒，我就出來了。濃濃的精液就像卡士達醬一樣，噴進他饑渴的嘴裡，同時，方才他所射出的濃稠精液也恰好從我屁眼裡溢流而出。

我使出狂歡後僅存的一點力氣，讓里昂躺下，我則反向地躺在他身邊，如此一來，我可以含住他漂亮的雞巴，也可以伸手撥弄他的屁眼。他毫不遲疑地照辦，性致高昂地和我互吸，直到我們雙雙在對方口中爆出濃稠精液，吞盡彼此每一滴噴洩而出的白色精華為止。接著，我讓他轉過來面對我，讓他的屁股抵住我的雞巴，我慢慢地整根插入他的體內，讓他好好享受。我們互吻，伸舌滑舔過彼此如絲滑潤的唇，我在他屁眼裡射了出來，他則在我肚皮上留下高潮痕跡，力道之強直衝胸口。

我們玩得筋疲力竭，闔眼撲倒在彼此懷中，我濕黏的屌還在他緊緊的後庭內搏動著，兩人渾然不知周遭目前狀況如何。突然，啪啪啪的聲響傳來，一鞭鞭打在可憐的里昂屁股上，他緊張地抽出我的屌，原來是他主人手上拿著鞭子抽打，如果我剛剛沒抱住他的話，他就不會挨這幾鞭了。

伯爵背後是那有名的「再一砲先生」，他一面插著伯爵的屁眼，還伸手套弄著伯爵的屌。為什麼他會被朋友稱為「再一砲先生」，實在是因為不管玩得再凶，他的屌總是不屈不饒，翹得老高。

其他交合在一起的人也同樣遭到伯爵的皮鞭伺候，輪流抽打；原來，伯爵頗好此道，剛剛對里昂的那幾抽，可說是他個人鞭打藝術的示範。老天！你真該看看剛剛我還插在里昂體內、他卻被鞭打時表情是如何的性感，那八吋長的脹紅雞巴還在我肚子上晃啊晃地，滋味實在銷魂。

派對進行了好一段時間，大家都被鞭子抽打得劇痛漲血，不過痛過之後隨之而來的卻是無以名狀的快感。伯爵樂在其中，他最愛打我敏感的大腿內側，甚至是我的雞巴。我們放聲尖叫、大笑，甚至流淚，直到享盡你能想像得到的各種縱情狂歡之後才鳴金收兵。

剛剛告訴你的經歷只是我故事裡的一個小例子，就用這故事做為這段回憶的一個句點吧。我知道接下來我得休養好幾個星期，才有辦法重回哲理歲先生的俱樂部了。

第十一章　溫斯頓和喬治布朗的回憶

不久前，我認識了「瑪利．安」集團的兩個成員，這兩個傢伙很有趣。其中一個人稱「小溫士頓」，十七歲左右，身高五呎二三，身材非常結實，樣貌英挺帥氣，栗棕髮色、深藍眼眸以及一口潔白貝齒，襯著泛紅臉頰，對喜歡男色的人而言，這傢伙的吸引力不論老少都無法抵抗。

我們彼此之間是沒有祕密的，所以他便告訴我他是如何「經營」他的事業。

有天下午，我們抽著菸，啜飲著香檳，他突然說：「傑克，你相信嗎，我從來不讓那些老屁股吃到我。不過呢，我知道一個『加倍賺』的小手段。你知道啊，我從來不帶他們回來，在這些老屁股面前，我都會先裝乖、扮演那種還跟爸爸媽媽住在格林威治或是倫敦城外，偶爾會到西區來走走逛逛，不知道等會兒要去哪裡的清純少年。如果有人不斷猴急搭訕，我會故意一直裝猶豫，等到他開口邀我陪他到家裡或小房間坐坐的話，才會答應。等進到他屋子裡，我就會問：『先生，您現在打算給我什麼禮物啊？』

通常我會得到『別急，等我見識到你能讓我多開心再說。』或諸如此類的回答。不過我會說：『我現在就要！不然我就大叫，讓全屋子裡的人都知道。你這個老玻璃，你以為我還是菜鳥啊？告訴你，我要五英鎊。有些小朋友完事之後只會拿到五或十先令，我清楚得很，但我可不是！快點給錢！否則我馬上大喊，讓你醜聞纏身。』

「通常他們聽到這番話，嚇都快嚇死了，所以五英鎊都能到手，有時候還會拿到更多，因為我會寫封信向他們『借』點錢來花花，不過那些老傢伙還不至於因此就大失血；事實上，年輕一點的給得更快更多，因為他們更怕自己見不得人的祕密會曝光。」後來，他還陸續跟我說了不少用類似的手段向不同對象取財的經歷。

另一個傢伙叫喬治布朗，他的手法就截然不同了。他的技倆是釣人同坐一部車，然後扒走他們身上值錢的財物。

很多男人要帶年輕男孩回家或是到廉價旅館辦事都會心驚膽跳的，不過如果是用同車共乘做幌子、在車裡來一下的話，就安全一點，他們可以在後座調情、愛撫，互打之類的。

這位喬治布朗對任何要求都會全力配合，就等那些倒楣鬼喝醉好下手，扒走他們的皮夾、錢包或是懷錶，有時候，甚至連對方的婚戒都會取走。

有一天，喬治對我說：「傑克，你不學我這樣賺實在是太傻了，看看你現在才賺個十幾磅，要是你學我這樣，至少可以賺個百來鎊沒問題。」

他繼續說道：「最近我跟一個猶太人交手，過程滿無趣的。從他談話中大概知道，他在城裡某間銀行工作。這人很精明，故意不喝醉，他好幾個禮拜天下午都帶我到里奇蒙的史塔加特旅館去辦事（上午他一定是到猶太教堂去祈禱）。我們在旅館享受上等的晚餐，至於甜點呢，就是你來我往，互吸互玩對方的雞巴，直到射精為止。不過，我喜歡淡髮色的那種，不喜歡猶太人，或是其他看起來黑黑的那型，所以我決定讓他多付點錢。」

「當他點了最後一瓶香檳，掏錢付帳時，我看到他皮夾裡剩不到十鎊，擺明了就只打算付我這些，最後的確也是這樣。當服務生離開房間後，他把錢攤在桌上，說：『喬治，這張鈔票給你。一兩個小時就拿這麼多，算不錯了。希望我也能像你一樣賺得這麼輕鬆咧。』

我當然馬上先把這少得可憐的錢收起來，不過還是說：『我讓你吃到這程度，你才給我這麼點？』

『什麼?!我這麼慷慨，你卻連聲謝謝都不會說。』他生氣地回我。

『有什麼好謝的？這點錢拿來擦屁股都不夠。你至少要給我一百鎊，我知道你每天去城裡工作，輕輕鬆鬆就賺得比這個多。要不要我明天親自去你的辦公室拜訪拜訪啊？如果不想，你就開張支票給我。』

『王八蛋，你一分錢都拿不到！』他大聲咆哮，抓起帽子轉身要走人。

『沒付錢就別想走，席蒙摩西先生！』我放聲大叫：『你很清楚，剛剛你是怎麼對我毛手毛腳的。而且，你還讓我看了那本《情慾集》（Romance of Lust），你要我去報警，讓警察上你家找找這本書嗎？』

你真該看看當我喊出他的真名時，他臉上的表情。

『噓！噓！幫幫忙，你小聲一點。你要多少？我會把錢寄給你。』

『你才不會，我要自己去領。看你把這一百鎊託給誰，我自己去拿。為了保險起見，把你的戒指交出來，等我拿到錢，就把戒指還給你。』

他嚇得發愣，一時間沒答應，但接著告訴我，下周日晚上十點過後，帶著戒指到哈利街（Harley Street）旁的那條小路上的某棟房子裡。

那棟房子我熟得很，那地方現在是一個從前當過職業軍人或類似工作的大個子在經營。我心中盤算，這樣貿然去討錢可能會有麻煩，所以我跟朋友借了一把防身小刀帶著前往。

那個傻大個自己來開門。

『席蒙摩西先生是不是有留一百鎊給我？』

『你應該就是喬治布朗了。你進來等一下，我等會兒會再來。』他口氣不太好地說。

我足足等了半個鐘頭，於是生氣地狂按門鈴。他不消一會兒馬上又出現，對我浮躁的舉動痛斥一番。

『聽著，比爾強生，你的名字我清楚得很，我也知道你這地方葫蘆裡賣的是什麼藥，不過你別生氣。』我邊說邊拿出隨身小刀隔著門板揮舞，作勢要在這桃花心木的門上刻字。『你到底有沒有錢？如果我不能馬上拿到錢，我就在這兒劃個兩刀，摩西先生想拿回他的戒指可就得等得很久噢！』我大聲嚷嚷。

『媽的！好啦，你不要輕舉妄動。他要我只給你十鎊就好，其餘的我自己留著。』

『那九十鎊給我，你自己留十鎊。讓你抽點傭金我也不反對。』我答道。

我們很快就達成共識，而且還邊喝香檳邊恥笑這個白癡老玻璃的愚蠢決定。」

喬治布朗接著又說了另一個故事。

「有沒有人告訴過你，我曾經在紅丘（Red Hill）工校那地方待了四年？我在那兒第一次體會到屁眼被雞巴插的滋味。」

「沒人告訴我耶。不過你是說，那邊可以這樣玩？」

「沒錯。要不是那地方操得跟地獄一樣的話，我一定會是個好學生。我們除了上課，還得實作。不過，大家都把實作當成遊戲，沒人認真聽那個好脾氣的老師講課，所以我們也沒學到什麼。

我睡覺的地方是學校裡大寢室，他們是叫『寢室』啦，不過事實上應該要叫『砲房』才對。這個大寢室有二十多個大男生住一起。我們一被關進寢室後，馬上就有個高個子的學長站出來，他第一次看到我，便走過來說：『這裡有個新人啊！我們很快就會讓他變成「大師」的！』

當我脫下衣服，準備跟一個與我同年紀（當年我十七歲）的男孩上床睡覺時，他們突然上前團團圍住我。一個左手有顆大疣的大個子問我：『你叫什麼名字？』

『你們應該知道我叫喬治布朗啊，今天下午我自我介紹過了。』

『閉嘴啦！』一個個頭比我矮一點的傢伙很不客氣地罵我。

『你要在這裡待多久？』那個大疣哥問我。

『不知道，可能會待上一段時間吧。』

『這新來的不錯，他表現應該會很好。』另一個這麼說。

『最好是。看起來這麼嫩、這麼乾淨，我敢說他一定連女孩子都沒親過。』那個大疣哥用一種很奇特、幾近猥褻的方式舔著自己的嘴唇說著。

『這是甚麼意思？才不是咧，我親過女生。如果大家不反對，請讓我好好睡覺。』我有點心虛地回答。

『親愛的，嗯……喬治布朗，你以前有沒有被雞巴插過屁眼？』

老實說，我有點嚇到。相信我，那時候我可完全沒聽說過屁眼可以插雞巴這回事，就連其他性事我也完全像張白紙一般的無知。在我準備開口回答之前，他們已經把我推倒在床上，緊緊壓住我，我很想反抗，但其實很清楚這時反抗也沒有用。

每個人都朝我的屌上吐口水，準備把我變『大師』。我放棄反抗，只好咬緊牙忍耐，希望很快就結束。不過，我錯了，他們開始動手，讓我臉朝下躺著，拉開我的手腳，把我的手腕腳踝綁在四根床柱上，朝我肚子下塞了幾顆枕頭，好讓我屁股翹高一點。接著他們裡邊最高大的一個傢伙就抓起已經硬梆梆的屌朝我屁眼塞了進來。

『啊！噢！好痛，好痛，我受不了了，明天一早我要告訴老師！』我大叫，而且還哭了出來。

他們隨即抓了一條手帕塞進我嘴裡，後邊才剛有人試著要拿雞巴插我屁眼，前面馬上又有人開始套弄起我的屌；我的小老弟剛剛才被大家吐了一堆口水，現在都還濕濕黏黏的。

他不停地戳進來，我已經喊不出聲了。那感覺就好像有根鐵棍在我後庭進進出出似的。屁眼被戳刺、撐張的感覺好像很嚴重，如果他不馬上射出來，或是在我洞口加點潤滑，我那邊應該很快就會皮破血流了。不一會兒，他完全插進來了，我感覺得到他的屌在我體內脹大、搏動。因為我被緊緊綁住，嘴巴又塞了東西，我很擔心他的動作會讓我受傷。

不過，被撐開的感覺很快就過去，過一會兒變得很舒服，特別是他小心抽動的時候。他在我體內射了出來，一波波的感覺既溫熱又舒爽。他喚醒了我體內奇妙又獨特的快感，我竟不自主地扭起身子。我好像全身沸騰了，熱血竄流的溫熱感直達指尖、足尖，雞巴也被人搓弄得很快就射出濃稠精液，黏濡在我肚腹下的枕頭上。

那個領頭讓我『破處』的學長抽出來後，其他人便緊接著一個個輪流上我。他們每個人都沒撐太久，很快就射了，所以眾人大量的濃精便從我屁眼順著股縫溢流到我的陰囊處。這些黏呼呼的東西沾滿我全身，不過我愛得很。一根根輪流在我屁眼進進出出的硬屌實在讓我慾火高漲，射了一回又一回，特別是他們如果又用手搓我屌的話。最後，他們問我是不是還要告訴老師。確認過我說『不會』後，他們才把我鬆綁。

這群男生整晚都在玩這樣的性遊戲，彼此互舔互操。我向你保證，這遊戲美妙得不得了，讓我回味不已。

有時候，會有一兩個會反抗不從的新人，那他就只好等著接受『特訓』和特別的調教。他們會把他死死地綁緊，就跟當初對待我一樣，然後拿皮帶抽打他的屁股，打到雙臀紅得像生牛肉一樣才會罷手。

如果我要一一細數在紅丘這間學校所經歷過的大小事，恐怕要花上數天數夜才行。舉個例子，有個男生因為比我們多受了點教育，所以受任當學校助教。老實說我有點喜歡這個肯特助教，他的綠眼睛很漂亮，剪得短短的頭髮又黑又濃，他在升任助教之前就對我照顧有加，也知道我在寢室裡跟其他男生在玩什麼把戲，不過他自己倒是沒參與過。

我常常發現他都不去用那間給教職人員專用的廁所，而會跑到學生廁所這邊來，我猜得到原因，因為其他的老師都是又老又囉嗦的老先生，實在也沒甚麼好『看』的，如果另一間廁所有一堆新鮮的年輕男根可以看，幹嘛還要浪費時間在老先生專用的廁所尿尿？

有一天，我偷偷溜進廁所，準備要偷打手槍的時候，一進門恰巧看到一個奇怪又有趣的景象。隔了兩間的便間圍牆上，露出的頭不就是我們的肯特助教嗎！他正緊張地左顧右盼，怕人發現什麼勾當似地偷窺著隔壁便間的一舉一動。

我好奇心大起，又帶點惡作劇心理，故意趴下，悄悄伸手去打開兩間底部的門鎖，出其不意用力把門拉開，眼前的景象可讓我好生驚喜！一邊是肯特助教站在馬桶上、褲子落在腳踝處，另一間內則有一個脫光光的足球隊員坐在馬桶上，吃驚的是兩人手上都還握著自己紅脹脹的翹雞巴呢！

『喬治布朗，快點把門給關上！』肯特助教尷尬地紅著臉對我說。不過，我膽子可大了，而且現在經驗豐富，打算故意要點小手段，在這兩個身材一級棒的男人身上嚐點甜頭。我刻意地說：『肯特助教，我們不是應該把這幾道牆給敲掉，讓大家看看你們在玩什麼小遊戲呢?得了吧，來，我們一起玩吧，你跟我們是同一國的，對吧！』

『布朗，你這樣太過火了，如果我被發現搞這個，一定會被開除的。』肯特助教皺著眉頭說。

『如果你不參加，才會丟掉工作噢。』

『年輕人，你這樣分明是在恐嚇我，不過既然我沒有選擇，那只好這樣。威爾，那你可以嗎?』

『呃，可以。』這個還坐在馬桶上、手握大屌的足球猛男這麼回答。

於是，我們都擠進威爾那間，鎖上廁所門之後，助教和我就動手脫掉足球猛男的衣服，在他的身上又親又吻，用舌頭舔弄他的乳頭。我得說，那真是我在校園生活裡最美妙的時刻，雖然在宿舍裡會被同學輪操硬幹，但是現在，能跪在一個我仰慕的男人面前，什麼苦都可以忍受了。我和助教就這樣臉貼著臉，舔舐著這又壯又帥足球員胯下的大屌，看著它驚人的勃起。

『啊，停一下。我不想這樣就出來，時間不多，我要把我脹到發痛的雞巴插進你們的屁股裡。』他用略帶命令的口吻說著。

不一會兒，我的內褲已經被脫到腳下，威爾動作迅速地脫下上衣，露出健壯鼓脹的好身材，把我和助教的衣服往上掀起，讓我們兩個人的屁股正對著他又大又直的翹雞巴。

當威爾猛力地插著肯特助教的屁眼時，助教臉上的神情實在讓我看得入迷。威爾再往內插進，助教毫無恐懼，只略帶爽快地哼叫了一聲。在威爾很有節奏地幹著肯特助教的同時，我朝自己掌心吐了點口水，抓起助教的肉屌，開始套弄起來。不一會兒，他們倆人就都射了，我看噴射的量之多，應該可以裝滿我們最愛的那家酒吧裡的大杯子了吧！

射了之後，他們馬上笑著轉身面向我，不一會兒功夫，威爾的雞巴又槓了起來，他扳開我的屁股，肯特助教則握著我正猛力搏動著的屌，送進自己嘴裡，開始吸吮起來。雖然這地方小得無法動彈，但擠在兩個火熱男體之間的銷魂滋味實在讓我無限滿足！在兩人的前後夾擊之下，沒多久我就射出來了，我控制不住，一波波熱燙精液射進肯特助教嘴裡，驚人的量讓他的臉頰都脹了起來，一串珍珠白的精液從他唇邊溢流下來，甚至回滴到我的肉棒上。我身後傳來一陣低吼聲，看樣子威爾也射了，好時光就此告一段落，不過，對威爾來說，應該算是告『二』段落。

你能想像嗎，之後好幾個月，還有同學在課堂上從助教背後幫他打手槍呢！因為老師上課的大部分時間都在睡覺打混，而且都沒人敢說甚麼。日子一天一天過去，他的身子也越來越虛弱，後來還得去住院。」

喬治布朗接著又說：「還不只這樣，學校裡的廚房也玩得很精彩！我們學校的主廚是個四十多歲、孔武有力的大個子，另一個在廚房幫忙的助手，身材也很相似。他每天會讓六個學生到廚房幫忙打雜，不過每次去幫忙的不會是同一批人。這廚子每天早上會挑六個他喜歡的小助手到廚房，他說這樣大家才都有機會輪流到，是啊，還真的是輪得好。兩位廚子會把六個小助手都操一遍，榨得乾乾的。我也看過那些男生把這兩個漢子壓倒在地，猛拍他們的大屁股，直到兩個廚子大聲求饒才罷手，接著他們又猛操廚子的後庭，邊操還邊搓他們的雞巴，直到兩個大男人爽到幾乎失神為止。

我倒不是說廚房每天都會來這麼一次，不過只要廚子知道校長會外出，每個禮拜就至少都會來個一兩次。校長每次出遠門之前都會巡視校園，只要他前腳一走，後腳好戲馬上就會登場。」

第十二章　擦鞋童提姆

幾天前，喬治布朗在酒後又對我透露了一些不為人知的祕密。這樁祕密正好解釋了不久前登在報紙上，而且令眾人議論紛紛的「神祕人口失蹤案」發生的原因。

「傑克，你知道我心情不好的時候會做什麼勾當嗎？長久以來，我都偷偷在賺錢，靠的就是帶一些十八歲左右的男孩子到巴黎，送他們到某個特定的宅邸。每送一個人過去，我可以賺個二十五鎊，而且，這些男孩年紀只要每小一歲，我還可以額外多賺五鎊；所以，一個十七八歲左右的貨色可以讓我賺進四十鎊。此外，期間所有的開銷，都由巴黎那邊支付，我一毛錢都不必花。有些到巴黎的有錢大爺特別喜歡這種貨色，需求很急迫，特別是那些美國人，他們幾乎都偏愛男孩子。你一定聽過不久前奈伊將軍開槍自盡那件事吧？我認識一個叫R夫人的，這位將軍其實是『R夫人俱樂部』裡的常客。不過這個R夫人和她那幫人實在太貪心了，眼中只有錢，一直威脅將軍給錢封口，若是他不給，便準備向他太太和岳母告密。最後，她們終於把這可憐的男人給逼上絕路，把自己的腦袋都給轟掉了。如果那些被送到巴黎的男孩們稍有反抗的話，必會被殘酷對待。有時他們會就此人間蒸發，沒人知道他們去了哪裡，不過，這可不干我的事噢。

兩個星期前，在往懷特教堂的路上，我看到一個可愛和善的擦鞋童，年紀大概十七歲上下，而且以他這年紀來說，他的身材骨肉勻稱，實在好得驚人。他的金髮閃閃發亮，有一雙湛藍眼眸和健康紅潤的唇色，我一眼就愛上他了。在他幫我擦鞋的同時，我問他靠這個收入如何、還過得去嗎等等問題。從言談中我得知他無父無母，也沒有親戚照顧，所以住在某個孤兒院裡，每天晚上得把當天所有的收入上繳，當作是住宿及上課的費用。

我心想，這還真是個好機會。我付了錢，要他晚上在老城門附近的某個店門口和我碰面。最後，我假意收他為隨侍，同時也幫他添購了一些隨侍所需的配備，至於換下的擦鞋童工作服，打包打包後就送回孤兒院了。當晚，我順利地把他帶回家裡，不過這個家是我當天下午為此事先租下來裝排場用的，並不是我真正的住處。身為我的隨侍，我特別在我臥室旁的小房間為他設了一張床。

這間租來的公寓有四個房間，位在肯頓區一條漂亮的路上，每個禮拜的租金要價三鎊。隔天我又多為他添購了一些襯衫、褲子、內衣褲等等，然後讓他好好洗個澡。當他穿上隨侍的制服之後，看起來還真像個小紳士。

他對自己的轉變顯然很開心，也甚為喜歡每餐所吃到的食物。晚餐過後，我問他想不想回孤兒院，如果他希望的話，還是可以回去，因為我不會留他太久。

你真該看看眼淚在他漂亮眼睛裡打轉，還有他跪下來求我的樣子，他說只要我願意留他，他願意為我做牛做馬，連死都願意。

我假裝考慮了一段時間，裝得好像他的懇求打動了我，接著我說：『好，提姆，但你要發誓不會把我的祕密告訴別人，也不會透露接下來我可能會跟你分享的小遊戲。來，對著聖經發誓！』

接著我引導他說出一串嚴肅而且嚴重的誓言，我很確定這招對他有效，因為他在主日學上所學到的東西對他影響可大了。

『把邊桌上那小瓶酒拿過來！』在他發完誓後，我命令他。我倒了點酒，摻上一些水，遞過去給他——傑克，你知道這玩意兒是什麼，也知道它的催情作用吧。

『現在，我要仔細檢查你的身體。因為任何想留在我身邊的隨侍，身材各方面都要好才行。所以，脫掉衣服讓我看看吧！』我對他說。

我沒想到，雖然他看起來皮膚黑黑的，舉止卻跟教養很好的年輕人一樣優雅有禮。他顯然還是處子之身，這讓我非常開心。

儘管他不時因為害羞而臉紅，還是毫不猶豫地全身赤裸站在我面前。剛剛喝下的催情酒開始在他身上發作，他那根漂亮的屌大概有六吋長，現在硬得就像根肉槌子似的，讓他相當尷尬。

『走過來一點。你看起來都很正常，不過我得摸摸你全身，檢查看看是不是有傷疤之類的。』

『這是甚麼？它一直都是這樣的嗎？』我手握住他脹大的屌大叫。『來，你伸手到我褲襠裡摸摸看，你看，你摸到的可不像你這樣。小朋友，你脹成這樣實在是太失禮了！』

我命令他動手把我的雞巴從褲子內掏出來，仔細瞧瞧。若不是剛剛那番話讓他嚇傻了，深怕自己不能夠討我的歡心，我恐怕也無法讓他解開我褲釦子，把手擱在我的雞巴上。這時候，我的屌還是軟趴趴的，不過相信在他的觸摸之下，很快就會有神奇的反應。

『你看，為什麼你的跟我的不一樣？你試看看能不能讓我的也變成你那樣。把包皮往後拉，用嘴巴含前面這個頭！』我感覺他很不情願，不過為了討我歡心，他還是動口了。在他濕熱的雙唇包覆和雙手溫柔的撫觸之下，我的屌沒多久就槓了起來，塞滿他的小嘴。我雙手捧住他的後腦勺，要他好好吸吮，用舌頭舔戲我的肉棍。我讓他一路帶我到高潮，爆射在他口中的濃熱精液還讓他嗆了一下。

『噢！提姆，太舒服了！如果你一直都對我這麼好，我一定永遠都不離開你！』我因為狂喜而大叫。『來，吻我，我的寶貝。』我邊說邊扶他起身，對著他的嘴送上我的雙唇，伸舌舔淨我射在他口中的精華。傑克，你知道這感覺真他媽的太銷魂了！

『這樣讓你很舒服嗎？』他輕聲地問我。

『我的小提姆，我很喜歡，我也要讓你享受一下這種美妙的感覺。你來跟我一起睡，我們馬上上床，我先脫衣服，你先把自己的衣物拿到房間，別穿上，你就這樣光溜溜回來就好。』

我們全身赤裸地躺在床上，我盡情舔吮著他可愛的小肉棒，直到感覺他就快射出才歇手。接著我趴在地上，命令他把肉棒插進我的後庭。他慾火正旺，迫不及待地照我的命令動作。他毫不費力地插進我體內，因為我可是對付過比他尺寸還大上許多的傢伙。他的處子之身即將獻給我，而他也將在我的屁眼內射出生平首次的精華，老天，我所有的瘋狂幻想都將成真！

這個小男生本能地知道了該怎麼做，他開始瘋狂地操我。我教他邊伸手搓弄我的雞巴。在他的套弄之下，我的屌又重新脹了起來。這時他的衝刺變得更快更猛，不久後我便感覺一道道溫熱美妙的愛之精華正在我體內迸射而出。他癱軟地躺在我背上，生平首次高潮的快感似乎讓他快昏死過去。

『噢！噢！這是什麼感覺啊？好爽，好舒服！』他的聲音交雜著笑意與呻吟。

『原來剛剛我吸你的時候，你就是這種感覺啊！』

『提姆，現在你知道這感覺如何了吧？你願不願意讓我也來試看看，就像剛剛你對我那樣？感覺很不錯，對不對？』

他吻了我，說我想做什麼都可以，不過他擔心我的大肉棒會不會插不進他的小洞裡。我察覺到他很害怕，於是我馬上安撫他的情緒，讓他在我身邊跪下，一如我先前的動作，接著順手取了一些冷霜在他紅紅的屁眼洞口慢慢抹上。我執起我的肉棒，準備就位。一剛開始，我根本插不進去，於是我用手指讓他適應一下，先鬆開一點，再往內伸進去一些，不過這樣就已經讓他痛得大叫，特別是我想多進去一點時，屁眼還因為害怕而縮得更緊。

『先生，不要啊！噢！不要，您會把我弄傷的！噢！噢！』

我怕有人會聽到他的叫聲，便抓了一條手帕準備塞進他嘴裡。在他察覺我的意圖之前，我已經塞好他的嘴了。我一直保持著同樣姿勢，順手又多取了一些冷霜抹在自己的肉柱上，接著便用力地擠進他的小洞裡。他一定很痛，因為他蜷成一團、又翻又滾地想要掙脫，接著大叫一聲、躺平在床上。如果我沒在他嘴裡塞東西的話，那一聲聽起來一定是非常大聲的慘叫。

事實上，我插得他痛不欲生，但他的大叫只讓我的慾火更加猛烈，因此我不顧一切地繼續往內前進，直到完全征服他後庭的處女地。伴隨著每一次的抽送，我看到小血珠從他洞口滴流下來，也看到我的雞巴沾附著紅色鮮血和濃白精液——我射了。不過正在興頭上的我看見眼前的景象實在心癢難耐，於是繼續不停地抽送，最後前後共射了三回才罷休。他原本緊緊的洞口現在也因此變得鬆弛，我想應該可以拿掉他嘴裡塞的東西了。

他又哭又笑，呈現某種猶如歇斯底里的症狀，因此我想今晚應該到此為止。好一段時間之後，他才回過神來。

隔天晚上，我又跟他再來一回，不過可憐的提姆還是覺得痛不欲生。而後我帶他去了巴黎，用一百鎊的價格把他賣掉了。他長得那麼俊俏，如果低於這個價錢，我是不會滿意的。

你有沒有聽說過，在巴黎有那種玩的手段很殘忍的小俱樂部？有時候甚至會玩出人命來。也許我先前說的那些會反抗的人都被送到這裡來了，這裡也許是他們生命的終點站，不過更清楚的細節我就不曉得了。」

第十三章　卡頓先生、艾伯特侯爵與愛德華侯爵

其實，還有很多人都像小溫斯頓和喬治布朗一樣，懂得運用技倆，把肉慾轉化為金錢收益，不過，我就不再多提了，讓我繼續說發生在我身上的故事。

話說不久前，我收到一只神祕的信箋，信中要我到葛斯凡諾廣場旁的布魯克街上某間房裡和一位先生見面。我很快就查出了這封信來自某個年輕、多金的貴族，所以我滿心歡喜地前往，準備好好伺候他。到了現場，這男人自稱「卡頓先生」，他毫無驕奢之氣、也不擺架子，非常誠摯地接待我，讓我初次見面就對他留下很好的印象。

「紹爾先生，久仰您大名。我有位朋友也是您那所俱樂部的會員，他

曾光顧過您，大家都稱呼您為艾芙琳，對嗎？」在我坐下時，他說。

當我點頭說是時，他繼續說道：「那我們就先彼此了解一下吧。我有個特殊的狀況需要您的協助，這件事我若沒有十足把握您必然會答應的話，是不會特地請您走這一趟的。當然，如您所知，我會付您一筆絕對優渥的酬金。是這樣的，我的生父和繼母都有一些極不尋常的情色幻想，我繼母的名字您應該聽過，我就不必再提了。我從小在這樣的環境下長大，我想，我們體內或多或少都帶有同樣的因子吧。我是這個家裡年紀最小的，而且還沒成年。我有兩個同父異母的哥哥，一個二十二歲，另一個二十三歲，分別叫艾伯特和愛德華。他們兩個都長得很俊美，不過有時淫魔是會偽裝成天使現身的。在我滿十八歲之前，我的大哥竟然勾引我這個同父異母的小弟，而且之後還跟他弟弟共享這個祕密。

他們很聰明，知道怎麼讓我上鉤。天曉得他們這些手段是打哪兒學來的，我猜，必定是從我們的法語老師那兒，因為他在課外也教過我一些特別的東西。

在他們宣告我是他們的禁臠之後，我就得不時地應付他們的性需求，而且這情況持續了好一段時間。他們倆都是可能的家產繼承人，根本不想犧牲自己的自由、找個女人結婚，而且他們說，我已滿足不了他們的奇思淫想了。因此，我今天特別商請您來助我一臂之力。

我們家裡有你在巴黎所能買到做工最精美的假陽具，我哥哥都用這個捅我屁眼，不過我也用同樣方法對付他們。我們一致認為，如果來一根真的肉棒絕對會更好——噢！對了，不知道您有沒有試過雞巴插在男人的嘴裡，同時用一根又大又粗的假屌捅他後庭？我跟我哥常這樣玩，據他們說，感覺絕頂奇妙。而且我也幻想，手中這根假屌其實是真的肉棒，跟我的雞巴一前一後進攻兩個小穴，無比暢快。

今晚，我想麻煩您先假扮成可愛清純的少女，等這遊戲進行到一半，再讓他們發現您的胯下之物。接下來，您就讓事情順其自然地發展吧。雖然他倆也常和女孩子上床，不過等他們發現真相時，劇情可是會大翻轉噢！因為事實上，我哥他們還是比較喜歡跟男孩子來。如果今晚我能找到犧牲者的話，他們兩個會很樂意玩玩鞭打的遊戲。他們從書上讀過不少關於鞭打調教的東西，特別是那本有名的《樺木枝》（Birchen Bouquet）。如果他們有機會把調教年輕女孩作為前戲的話，性致就會異常高昂。您若答應我的要求，就可以得到一筆豐厚的酬庸，這筆錢會跟您所承受的疼痛程度成正比。聽過這些說明之後，您願意答應我的要求嗎？如果您願意，就先回家換裝，等十點再過來一趟，屆時我會介紹你上場。如果您不反對的話，就自稱為艾芙琳．畢爾許小姐吧！」

他塞了一張五鎊的紙鈔給我，希望我能如所承諾的依約準時出現。

皮鞭伺候屁股的箇中滋味，我在波頓家裡可是領教過、也享受過，所以便毫不猶豫地答應了卡頓先生的提議。當晚十點，我依約重返卡頓府邸。卡頓先生出來應門時，身邊還有兩位帥氣的年輕男子相陪。

「畢爾許小姐，容我為您介紹我兩位哥哥。」他邊說邊領我入座。「這位是艾伯特，這位則是愛德華。親愛的哥哥，這位則是不乖的艾芙琳．畢爾許小姐，等會兒她就得乖乖受罰了。因為她跟某個警衛眉來眼去，行為不檢，所以她的父母授權我們盡量教訓，打到她親口保證不會再跟警衛勾搭為止。你們盡量打吧，很有趣噢，不過對她而言可就有罪受了。高貴的畢爾許小姐身上可能會有什麼東西『破掉』噢！你們知道我在說什麼。」

這時，艾伯特和他的兄弟同時猛然從座位上起身，說：「那我們馬上動手，讓她連猶豫的時間都沒有！我們先到隔壁房去準備準備，兩三分鐘就好。你最好先讓她喝點酒，定定神。」

我連多喝一杯的時間都不夠——卡頓先生沒說，這兩位先生可是玩真的，他們沒多久就回來了，大力地關上了房門。兩個男人都褪下外衣，全身只穿了白色底褲，當他倆彎腰準備鞭子，緊實的翹臀就隔著內褲展現在我面前，光溜溜結實的胸膛似乎還散發著光芒。各位讀者，如果我再告訴您，他們兄弟倆都是誘人的黑髮色，深棕色的眼珠子襯映在英氣十足的眉毛和又長又翹的黑睫毛底下，顴骨猶如希臘雕像般的立體，誘人的雙唇還配上一口貝齒；如絲細軟的深色陰毛不僅從內褲底下延伸到大腿根上，也從肚腹一路竄上他們的胸口，在厚實的胸膛上蔓延出一片捲曲的黑色祕林，你可想而知，聖安東尼眼中若是如我所見，恐怕也抵擋不住這般的男體誘惑吧！

這兩兄弟手上各握著一根長度可觀的鞭子，前端不是皮片，而是四五條軟皮繩，以藍色和紅色的絲帶精細地綁縛住。

「艾芙琳小姐，過來吧！」艾伯特邊說邊走向我：「容我領您到您的受罰處，隔壁房有個人正等著教訓您。我們的弟弟會在這邊享受，好好觀賞您怎麼被羞辱。」

「你們不能打我！我根本不知道為什麼會來這裡啊！你們敢碰我就試看看！放我走，不要胡鬧，我受夠了！」我大喊。

「快來幫忙啊，華特！」他喊著要他弟弟過來。「你這個小淫娃，最好認份一點。裝腔作勢不想挨打，哼，真是個大笑話！」

卡頓先生扯下身上的外套，跑到門前試圖阻止我逃脫。接著他們三個人團團揪住我，我假裝又哭又喊地拚命抵抗，他們合力把我拖回了房間。被激起的慾望讓他們的力氣大得嚇人，沒多久我的雙手就被綑在了柱子上。我的洋裝經過剛剛那一番混戰已經破了好些地方，現在又被撩起，底褲被扯下，露出了屁股。我同時發現一腳也被繩子給綁在柱子上了。

「這樣可以了，愛德華，另一腳不必綁。」艾伯特大喊：「該是讓這個小淫娃嚐點苦頭的時候了！等到我覺得打夠了、可以停手了，恐怕手已經瘦得舉不起來了！妳這女孩也太輕挑了，怎麼可以隨便跟警衛眉來眼去，到處亂搞？艾芙琳小姐，這個滋味妳喜歡嗎？那這樣呢？還是這樣？」我可憐的屁股就這樣重重地捱了三鞭抽打。我緊咬雙唇，吞下每聲就快脫口而出的痛喊。

「哈！這個小淫娃什麼都不說，親愛的愛德華，把她的褲子再往下脫到膝蓋吧！」

「她，她是個男人！」愛德華脫下我褲子時大叫。「哥，你快來看！你看，這怪物真可怕！」

當他們發現弟弟準備了何種驚喜，而且顯然對他們困惑不已的反應樂在其中時，兩個人的臉都羞得漲紅。

愛德華喃喃自語說：「該死的傢伙，這筆帳我留著跟你算。」接著他動起手，一陣陣如雨的皮鞭朝我身上打下。艾伯特也很生氣，一齊抄起鞭子幫他弟弟抽打我。

我放聲大叫，希望能讓兩位男士手下留情。「啊！老天爺！求求你們原諒我吧。是你弟弟要我來的，你們看，他現在倒是輕鬆地坐在那邊隔山觀虎鬥，而且還笑我。求求你們原諒我吧。啊！我是認真的！」

卡頓先生已經亢奮到快恍神了，他手中抓握著自己的雞巴，開始搓弄起來。他的雞巴很漂亮，約有八吋長，龜頭還漲得紅通通的。

他們還是不停地抽打，皮鞭頂的小皮繩一抽抽地打進我的臀肉，打得我屁股充血紅脹，甚至滲出血珠流到大腿上，連我的肉棒和睪丸都沒逃過他們毫不留情的攻擊。鞭打帶來的疼痛感很快就消失了，隨之而來的竟是一陣難以形容的美妙暢快，蔓延著我的全身。我想，他們應該是從眼中觀察到我的反應，便突然扔掉手中的鞭子，眼眶含淚地抱住我。

卡頓先生脫光自己全身上下衣物，又扯破了他兩位帥氣哥哥身上僅剩的底褲。

我的第一個祭品是艾伯特，他自動地趴躺在床上，我視之為邀請進攻後庭的訊號。我的雞巴又因為燃起的慾火開始硬起來。

當他感覺到我熱燙的龜頭碰到他緊密的棕色小穴口時，哼喘了一聲，伸手取了一點冷霜抹了抹我的肉棒，接著一把握住我的神器，往自己的後庭洞口送去。

他很勇敢地承受住我對他屁眼的進攻，沒一會兒，我就順利送進去了，他溫暖、濕潤、緊密的後庭祕道如絲綢般包覆住我昂揚的肉棒，緊緊掐住，讓我體會何謂「如登極樂的狂喜之境」。我享受著這股想佔有他、啃噬他的渴望。剎時間，我感覺到剛剛被打得破皮流血的屁股正遭到襲擊，兩片臀肉被扳開，卡頓先生的龜頭竟緊接著插了進來！他一隻手還伸到前頭，想探看看我是怎麼樣進攻他老哥的屁眼。

我轉身，看到艾伯特正握著自己的雞巴，準備插進同父異母弟弟華特的屁眼。這景象實在是太激情了！而這兩位出身名門貴族的男子也確實是他媽的俊美啊！

卡頓先生很快就插進我體內，舒暢的感覺加上剛剛被打得高漲的慾火，讓我幾乎快厥了過去。隨著我對艾伯特後庭的每次抽插，我也同步感覺到艾伯特俊帥的弟弟在我屁眼內的推送，以及在最後邊、華特同父異母的哥哥愛德華插得他有多麼舒暢。

這樣的彼此連動抽送，沒多久就讓我們都到了高潮。在我射進艾伯特體內的同時，也感覺到卡頓先生在我後庭內射出一波波的溫熱精液。我們保持著同樣的連結姿勢，直到第二次高潮來臨。

這樣大戰兩回之後，兩兄弟開始舔戲起我和華特的屌，直到雙雙槓起來，直直送進他們的屁眼內，不過這一回，我換口味，選擇跟愛德華一起做。現在我終於明白卡頓先生初次見面時跟我說的一切了！這麼多根肉屌在這個有奇怪癖好的一家人彼此穴口進進出出、又抽又送的滋味，實在絕頂銷魂。

之後，我們讓兩兄弟趴躺在床緣，開始拿皮鞭抽打他們的屁股，直到兩人大喊求饒，求我們再一次把肉棒插進他們的屁眼為止。

我們就這樣共度了首夜，當然之後我也成了他們兄弟三人最棒的入幕之賓！

第十四章　男人的後庭遠勝女人的前徑

我認為，自從古羅馬時期的尼祿上了自己的媽媽，而尼祿的舅舅卡里古拉又操了他自己的馬之後，亂倫、男男肛交、人獸交就已成了一些人最愛的選擇。

若是您對我方才所提出的例子甚感驚訝，可別忘了，我所引的例證可都是歷史上確確實實發生過的事情。

我認識一個男人，是個法官之類的，他男女都愛，也時常會跟山羊燕好。

另一個則是我兩年前認識的某個出身名門的年輕貴族，他就像奧底帕斯，非常戀母，甚至還上了她。在這樣放蕩的行為影響之下，同性性交的盛行可說是其來有自。

最近，這件事情鬧得沸沸揚揚——

有個寡婦在萊契斯特廣場附近經營一家小鋪子，她三年前把店鋪樓上的房間分租給某個男人。有天，她關店之後，在店裡聽到了一些奇怪的聲響，卻沒看到屋內有任何異狀。因為那個平時會在夜裡幫她看店的人還沒走，所以這寡婦就央請他幫忙在廚房稍等片刻，聽聽看有什麼怪聲音。過了約莫半個鐘頭，這人聽到從走道傳來一陣陣的吵雜和低語聲；他脫下鞋，悄悄爬上樓梯，燃起一根火柴好看清楚到底是什麼東西在出聲。火一點著，他赫然看見帕森先生，也就是那位分租的房客，正對著一個褲子褪到膝蓋，趴跪在地上的阿兵哥，試著要把自己的雞巴插進阿兵哥屁眼裡！當下，他們連衣服都還沒穿好，就趕緊「碰！」一聲把門關上。當晚，這個房客連夜打包，隔天就搬走了。

大家可以在一八八一年七月九日的倫敦《每日電訊報》上讀到這則報導——

某蘇格蘭高階軍官可能會因為在羅爾斯隆街（Lower Sloane Street）上某間咖啡館，與男伴有公然猥褻的行徑而受審。他的男伴比較幸運一點，因為這人是德國駐英使館的行政秘書，這下子就扯上德國政府了，因此他只需被遣返回他的「祖國」作為懲罰。

在學校，男人和男人之間的性交遠比大家所想像的更為普遍。不久前，有個中學校長察覺，學生似乎學會了一些比拉丁文、希臘文更有意思的「東西」，因此，他特別去請教一位執業多年、經驗豐富的醫生的意見。

這個校長是這麼說的——

「醫生啊，前幾天，我心頭突然冒出一個念頭，我懷疑學生每天晚上都在寢室進行一些不雅的行為，於是我決定自己親眼一探究竟，看看是否果真如此。恰好有間小寢室是空的，左右是另外兩間有人住的寢室，所以我趁著周三下午學生都去打板球的機會，偷偷地到這中間的小房間，在牆上打了幾個小洞，好看看這些寢室裡的學生到底搞什麼。

我待的這間寢室應該是上鎖的，而且大家也不認為校長會特意留在學校。所以當晚就寢前幾個小時，我溜進這小空間，把門鎖上。稍晚，學生在兩個助教的陪同下，陸陸續續、嘻嘻鬧鬧地回到了寢室。為了維持秩序，助教會留在寢室和學生共寢。我只要站在床上就可以從洞口清楚看到他們的一舉一動。

我聽到一個高個子的男同學說：『史密斯先生，那你現在讓我們看一下，昨晚被我們三個人「光顧」後，你的雞巴有沒有受傷啊？』我往房內一瞧，老天爺，所有的人早就性慾高漲地抱成一團了。有四個學生把史密斯推到床上，試著要脫下他的褲子，最後他們得逞地把史密斯助教的性器掏了出來，這時他的性器看起來已經脹得又大又硬了。接著，我看到一個約莫十七歲，名叫查理強森的學生執起史密斯脹大的性器，含進嘴裡，而另一個學生也同樣把這個查理的雞巴給含住，然後，一個接一個地，除了這助教之外，每個人嘴裡都含著另一個人的性器！

我當下看到這景象實在是太震驚了，實在該出聲喝斥。不過，醫生啊，我得老實說，當時我竟開始自慰了起來，跟他們幾乎在同一時間射精……

完事之後，他們安安靜靜地開始脫下身上衣物，我又觀察另一間房內的情況。老天爺，另一間的同學竟然還插起屁眼來！這情景讓我實在是看得瘋狂。如果我不出聲喝止，我不就也成了這些荒唐學生的共犯？可是我實在無法抗拒繼續偷窺的誘惑，當下我真的不知所措，要是這樁醜事傳了出去，我這學校的聲名不就毀了！」

聽完校長的陳述之後，醫生給了這樣的建議——

從助教到學生，每個人都要接受醫學觀察。醫生願意「親自觀察」，再從「所見所聞」的結果去分類，然後針對每個人不同的狀況「親自解說」，告訴他們這樣的行為會有什麼後果。

各位讀者，你們應該有很多人非常樂意擔任這位醫生的工作吧？

第十五章 誘人的肛交

對古羅馬人而言，同性肛交算是一種具有特別意義的淫樂逸趣，而不是「不當行為」。我們這邊所說的，單指男男之間的肛交，因為女女之間的肛交行為幾乎不見載於當時的文字紀錄中。有人會說：「女人不過是個屄罷了。」而薩德侯爵也曾說過，只有情場新手才沒嚐過少男肉體滋味之美好。馬堤亞（Martial，西元前一世紀古羅馬詩人）曾在作品中大量描繪女女之間的歡愛情景，可見古羅馬人必定對之習以為常。時至今日，仍有不少男人特別喜歡從後庭去「駕馭」女人；也有一些人因為想換換口味，所以偶爾會試試看從這個「入口」進入。我們有時會聽聞一些妻子會因為受不了丈夫對肛交的特別偏愛而結束婚姻，但大抵而言，除了土耳其、希臘、和義大利部分區域之外，當今歐洲地區的社會觀念還是認為，如果男人頗好此道，可不算是尋常的行為。但對古羅馬人來說，肛交必定是一種相當普遍的行為。

如果我們現在說「女人不過是個屄」，那在古羅馬人又是怎麼想的呢？時至今日，男人間的同性性交其實還是罕見，儘管我們已盡力估算其規模，還是無法在倫敦找到樂於此道的足夠人數作為輔證。我記得在我年輕時，有一樁法律訴訟案，大致是說某個紳士被控在萊契斯特廣場附近和兩個年輕、黑白混血的男孩子同居。不久前也有另一樁案子，是有個吉普賽人因侵犯他的驢子，以及鄰近區域的男孩而被判有罪。

在法國，這樣的雞姦行為十分普遍。塔迪奧醫師（1818-1879，法國十九世紀名醫）宣稱，他曾臨床診視過二百一十七例身為雞姦行為中被插入者的病例，其中不單是法國人，尚有他國病患。他在報告中記載了過度雞姦行為所造成的括約肌鬆弛的後果。從各式各樣的案例和他們塞進屁眼的東西來看，這種行為應該很誘人——包括毛線針、玻璃瓶、水杯、木棍等等。塔迪奧醫師特別警告，如果把匈牙利生產的水瓶或是古龍水瓶插進肛門，將有高度的危險。此外，他也提到某些外科醫生可以把整個拳頭塞進肛門裡。

根據案例，曾有人與人打賭說他可以把整個杯子塞進屁眼。另外，有一對七歲、五歲的姐弟，有天被逮到正互相把湯匙、蘿蔔、和馬鈴薯塞進對方的屁眼裡，當時那個姐姐的後庭已經被撐大到快跟陰戶搞混了。

從這些案例我們知道，雞姦行為容易讓肛門產生何種後果；讓我們再更深入來了解塔迪奧醫師的警告——

不久前，有本旅人到布哈拉（位於中亞烏茲別克西南部）遊訪的紀錄出版了。據他所稱，當地的大君在後宮有兩個側宮，兩個側宮男女有別。如果大君性致來了，僕侍就會送上一個洗好澡、灑上香水、而且連後庭都塗好油的男孩子。這個男孩子會先吃點特別的食物，目的在預先挑引起他的性慾，以便等會兒可以滿足大君的需求。之後，通常在兩三位嬪妃的環顧之下，大君會臨幸這位年輕男孩。這位旅人以極為挑逗的用語描述這個受臨幸的男子，以及他大開的肛門口周圍所增生的肉質看起來有多像女人的私處。

塔迪奧醫師除了提到在雞姦行為中，被插入者易產生如息肉增生等其他令人不悅的併發症與後遺症之外，也曾提過毛髮增生的問題。我們也認為，從塔迪奧醫師的研究，抑或像布哈拉當地的大君操男子屁眼的習慣研判，習慣性的被插入者容易導致擴約肌鬆弛的現象，而且這種鬆弛現象無法復原。（編者註：現代醫學看法與此不同，亦即經常肛交並不必然會造成擴約肌鬆弛的後果。）

在今日文明世界中，男人間的肛交行為已較少見；不過，在古羅馬男男肛交是極為普遍的行為，一個男人只有在太過沉溺在被插入，而不愛插人的情況下才會被人厭惡。當時的男人除了欣賞女人之外，同樣也欣賞身強體壯的年輕男子，年輕男孩也如女人一樣，可以帶給男人無上的性愛樂趣。

這樣的習慣在當時非常普遍，甚至謂為潮流，連高貴的羅馬皇帝奧古斯都（Augustus）也被傳言有這樣的喜好。但蘇頓（Sueton，古羅馬時期作家）則認為，指誘奧古斯都的同性性行為全然是無稽之談，因為他個人偏好的是對年輕女子破處。

接在奧古斯都之後繼位的提庇留（Tiberius）可就真的完全沉迷於肛交了，在他身邊，不時圍繞著一群好色淫蕩的扮裝男子。這位羅馬皇帝的名字一向都和古羅馬時期那些鑄印著淫穢圖樣的古銅幣連結在一塊兒。在這樣宮闈環境中長大的幼主維特里烏斯（Vitellus），很快就了解人事，也得了一個「小淫錢」（Spintria）的綽號。

另一位羅馬皇帝卡里古拉（Caligula）和戲子友人、還有俘虜間的荒淫行為，更是眾所周知。如果你曾聽聞有個出身貴族、名為卡圖魯斯的年輕男子和卡里古拉皇帝之間公開的荒淫行徑，便可明白古羅馬時期的風俗是何等狀況。

克勞迪歐斯（Claudius）沉迷女色，不過他認為跟男人來一下也很棒。如果我們從他的繼子也是在跟心愛的男人交歡之時被刺殺的史實來看，就可以知道這樣的行為在古羅馬時期有多盛行。

尼祿（Nero）當然不遑多讓。為證明自己是真正的羅馬皇帝，他曾先以暴力侵犯了年輕的普勞提烏斯（Plautius），接著更處死他。馬上就把才剛滿足他野性獸慾的對象殺死的行徑，實在殘暴駭人。

我們略過其他幾位羅馬皇帝，談一下加爾巴（Galba）。一如許多貴族，加爾巴對女人不感興趣，他只對男人有感覺，這沒有什麼稀奇，不過不尋常的地方是，加爾巴喜歡看男人在事後流血而死。這種獨特的偏好讓他更顯怪異，而他處決這些人的說詞，竟是年輕男子豐潤的臀部與柔和的臉部線條會讓他想起女人。正如某位出身名門的羅馬貴族對發臭的牡蠣氣味有著特殊的偏好，加爾巴對那種年紀已經大到無法再享受人生樂趣的老男人特別有性趣。當年，當年邁的伊謝拉斯（Icelas）前來通報尼祿的死訊時，加爾巴從他身邊的朋友群中站了出來，吻了這個老人，邀領他到一個小密室，而且還在那裡和這位老人交歡。我們只能說，加爾巴如果當著眾人的面就上了伊謝拉斯，也許更符合他的行事風格！

第十六章 蕾絲情

在這社會上，女同性戀的現象一直以來都跟男同性戀如影隨形。而世人往往會以較友善的眼光看待女同性戀行為。從歷史來看，女同性戀似乎跟男同性戀一樣歷史久遠。而在今日，這樣的行為在一些嫻靜的女孩間更是普遍。在當今的歐洲國家，這樣的行為在少與男人有所接觸的單身女子之間很常見，在專接上流社會生意的高級妓女、或是有特殊喜好的女舍監（特別是在法國）之間也不罕見。女同性戀者以互舔私處為樂，其中一人會如男人一樣，有想占有對方的炙熱慾望。在英國，我們常會看到女女愛侶會因為其中一方愛上男人或與另一名女子交好而關係破裂。在某些狀況中，被遺棄的一方會採取報復手段，最後演變成玉石俱焚的結局。

葛萊蒙（Grammont）侯爵在他的回憶錄中曾提到霍芭小姐的事情。霍芭小姐是查理二世家族府邸的侍女，她因為企圖傷害另一位侍女而被逐出這幢府邸。我們並不清楚她到底做了甚麼，而她的主子將她逐出府邸的嚴厲懲處，背後究竟有著甚麼原因，至今也仍舊是個謎。

如果你不先了解古羅馬時期女同性戀的盛行狀況，就讀不懂古羅馬詩人朱凡納爾（Juvenal）的諷刺詩作。他對慈愛女神節（Bona Dea）的描述無疑是最好的例證。

如果你還不相信的話，馬堤亞的作品裡還有不少描繪可供證明。

男女同性戀在社會中如影隨形的現象其實不難理解，只要有一方盛行，另一方必定不會沉寂，而且這種演變與發展其實與身分認同有關。年輕男子初期跟異性少有接觸，因此只能自己手淫來排解性慾需求，接著他們便會與友人一起相互手淫，然後就可能會插入對方身體。一但嚐過甜頭，倘若未來沒沉迷在同性性愛之中，真可說是相當幸運的了。

就像有些男人在女人身上嚐盡各樣的肉體歡愉之後，最後會愛上與男人交歡的感覺，有些女人，比方那些地位頗高的高級妓女，她們也會在男人身上體會過各式歡愉之後，選擇與女友歡愛，品嚐不同味道的火熱激情。

不久前，我們在舊市場旁的一家咖啡廳坐著，當時就有一個三十歲上下的法國女人穿過咖啡廳，朝一個英國女孩走去，並對她說，如果這女孩願意讓她吻一吻她的私密之處，她願意給她十先令！

上流肉販——倫敦男妓自白書 / 傑克・紹爾(Jack Saul)著．
初版．一台北市：基本書坊出版：熱愛發行，2011.08
208 面； 14.5*20 公分．--（硬樂團；C003）
譯自：The sins of the cities of the plain
ISBN 978-986-6474-23-1（平裝）

1. 男娼

544.77 99025432

硬樂團系列 編號C003

上流肉販——倫敦男妓自白書

The Sins of the Cities of the Plain

傑克・紹爾 Jack Saul 著
黃民燁 譯

封面設計 v.。
視覺構成 孿生蜻蜓 petitpetit@gmail.com

企劃・製作 基本書坊

編輯總監 邵祺邁
首席智庫 游格雷
系統工程 登山豪
業務助理 蔡小龍

通訊 11099台北郵局78-180號信箱
官網 gbookstaiwan.blogspot.com
E-mail gbookstaiwan@gmail.com
劃撥帳號：50142942 戶名：基本書坊

總經銷 紅螞蟻圖書有限公司
地址 114台北市內湖區舊宗路2段121巷28號4樓
電話 02-27953656
傳真 02-27954100

2011年 8 月15日 初版一刷
2012年 4 月 5 日 初版二刷
定價 新台幣260元

ISBN 978-986-6474-23-1